DIVORCIADOS RECASADOS
É possível um reinício?

GIOVANNI CERETI

DIVORCIADOS RECASADOS
É possível um reinício?

Direção Editorial:	Pe. Fábio Evaristo R. Silva, C.Ss.R.
Conselho Editorial:	Pe. Ferdinando Mancilio, C.Ss.R.
	Pe. Marlos Aurélio, C.Ss.R.
	Pe. Mauro Vilela, C.Ss.R.
	Pe. Victor Hugo Lapenta, C.Ss.R.
Coordenação Editorial:	Ana Lúcia de Castro Leite
Tradução:	Pe. Flávio Cavalca de Castro, C.Ss.R.
Revisão:	Denis Faria
Diagramação e Capa:	Tiago Mariano da Conceição

Título original: Divorziati risposati
© Cittadella Editrice – Assisi
ISBN 978-88-308-1007-5

Dados Internacionais de Catalogação na Publicação (CIP)
(Câmara Brasileira do Livro, SP, Brasil)

Cereti, Giovanni
　　Divorciados recasados: é possível um reinício?/ Giovanni Cereti; [tradução Flávio Cavalca de Castro]. – Aparecida, SP: Editora Santuário, 2017.

　　Título original: Divorziati risposati.
　　Bibliografia.
　　ISBN 978-85-369-0522-8

　　1. Divórcio – Aspectos religiosos – Igreja Católica 2. Recasamento –Aspectos religiosos – Cristianismo I. Título.

17-09042　　　　　　　　　　　　　　　　　　　　　　　　　　　　　　　　　　CDD-241.63

Índices para catálogo sistemático:
1. Divórcio: Aspectos religiosos:
Igreja Católica 241.63

1ª impressão

Todos os direitos em língua portuguesa reservados à EDITORA SANTUÁRIO – 2018

Rua Pe. Claro Monteiro, 342 – 12570-000 – Aparecida-SP
Tel.: 12 3104-2000 – Televendas: 0800 - 16 00 04
www.editorasantuario.com.br
vendas@editorasantuario.com.br

Pro veritate adversa diligere

Prefácio

Agradeço à Cittadella Editrice e aos bons amigos da *Pro Civitate Christiana* a decisão de publicar uma segunda edição de meu pequeno escrito de 2009, no qual reassumia os resultados de minhas reflexões e pesquisas sobre a readmissão à plena vida eclesial e eucarística daqueles que, culposamente ou não, deixaram de atingir o que se propuseram ao celebrar seu casamento, não conseguiram cumprir seu compromisso matrimonial e partiram para uma segunda união. No clima daquela época não havia nenhuma esperança que semelhante solução pudesse ser acolhida num futuro próximo. E, no entanto, a eleição de Jorge Bergoglio, como novo bispo de Roma, e a convocação de um Sínodo, sobre o matrimônio e a família, tornaram essa perspectiva possível ou até provável. Afinal, como diz papa Francisco na *Evangelii Gaudium*, "o tempo é superior ao espaço" (n. 223); entretanto ideias e propostas apresentadas há muitos anos puderam amadurecer e frutificar no serviço ao Senhor e para o bem da comunidade cristã.

A oportunidade desta reedição, na esperança de poder contribuir a fazer amadurecer as decisões a serem tomadas pelo Sínodo, é de qualquer modo mais do que manifesta. Depois que o cardeal Kasper, no discurso ao Consistório de 20 de fevereiro de 2014, tinha citado minhas pesquisas como uma possível solução ao problema[1], irrompeu violenta oposição contra o que dissera, bem como contra o próprio papa Francisco, que lhe sugerira essa

---

[1] WALTER KASPER, *Il vangelo dela famiglia*, Queriniana Brescia 2014, p. 60. A obra citada por Kasper é *Divorzio nuove nozze e penitenza nella chiesa primitiva*, primeira edição das Dehoniane, Bolonha 1977; segunda edição, com novo posfácio, também das Dehoniane de Bolonha 1998; terceira edição com apresentação de Francesco Zanchini, Aracne Roma 2013.

referência. Os ataques dirigiam-se naturalmente contra minhas pesquisas, e manifestavam-se em repetidas intervenções nos jornais, periódicos, blogs e televisão, bem como em algumas publicações, que explicitamente contestavam sua validade.[2] Até agora, em resposta, limitei-me a publicar de novo obras do passado, às quais, contudo, acrescento novos prefácios[3], na certeza que não seria necessário responder a todos os pontos, e que a verdade se manifestaria por si mesma. Por isso fui fortemente censurado, como se, durante a tempestade, tivesse-me escondido por detrás da pessoa do cardeal Kasper, sem me dispor a defendê-lo, com medo de responder a meus críticos.

Com a nova edição desta obra quero, portanto, dar a resposta que de mim se espera. Uma vez que muitos se deixaram convencer pelas críticas de Crouzel[4] contra minha pesquisa (reapresentadas em italiano no pequeno volume publicado em outubro de 2014, por Cantagalli, com prefácio do cardeal Caffarra[5]), e também de Pelland[6], permito-me fazer notar que por duas vezes publiquei novamente a pesquisa de 1977, em edição anastática, sem mudar uma só vírgula, exatamente porque essas críticas, já examinadas anteriormente, não chegavam de fato a arranhar minhas conclusões, aceitas pela grande maioria da comunidade científica internacional.

---

[2] A principal publicação (pela editora Cantagalli) é a coletâneas de escritos sob o título *"Permanere nella verità di Cristo. Matrimonio e comunione nella chiesa cattolica"*, com a contribuição de cinco cardeais (Brandmuller, Burke, Caffarra, De Paolis, Mueller) e de outros estudiosos. É principalmente John M. Rist (professor emérito de letras e filosofia) que faz críticas não pertinentes a minha pesquisa.

[3] *Matrimonio e indissolubilità*, segunda edição, Dehoniane Bolonha 2014 (original de 1971); *Amore e comunione nel matrimonio*, Gabrieli editori Verona 2014 (original de 1983).

[4] H. CROUZEL, *Divorce et remariage dans l'Eglise primitive: Quelques réflexions de méthodologie historique*, in Nouvelle Revue Théologique 98 (1976), 891-917. Id.; *Un nouvel essai pour prouver l'acceptation des secondes noces après divorce dans l'Eglise primitive*, in Augustinianum 17 (1977), 555-566; Id., *Les digamoi visés par le Concile de Nicée dans son canon 8*, in Augustinianum 18 (1978), 533-546. Confira-se também a recensão que lhe foi feita em Civiltà cattolica, 128, II (7 de maio 1977), 304-305, à qual dei resposta em G. CERETI, *Prassi della chiesa primitiva ed assoluzione dei divorziati risposati*, in Rivista di Teologia Morale 35 (1977) 461-473.

[5] H. CROUZEL, *Divorziati "risposati". La prassi della Chiesa primitiva*, con prefazione del card. Carlo Caffarra, a cura di Alessandro Biancalani, Cantagalli Siena 2014.

[6] G. PELLAND, *A propos d'un ouvrage récent sur les divorcés remariés*, in Science et Esprit 29 (1977) 321-328.

Entre esses, o primeiro é Charles Munier, o grande patrólogo da Universidade de Estrasburgo[7], que dedicou a essa pesquisa um longo artigo, no qual resumia minhas conclusões para os leitores de língua francesa, reconhecendo "a importância e o carácter em parte inovador" do trabalho. Concluía afirmando que "parece difícil contestar os resultados" dessa pesquisa, e augurando que mereçam "amplas discussões nas revistas especializadas"[8].

Na controvérsia entre mim e Crouzel, interveio várias vezes R. Mancina, que chegou a dizer que Crouzel trata os Padres da Igreja como os fundamentalistas tratam as Escrituras (ou seja, sem nenhuma contextualização e sem levar em conta os avanços das diversas épocas), relembrando assim a necessidade de evitar todo fundamentalismo na leitura dos Padres, e afirmando aceitar plenamente minhas conclusões, ainda que lhes fazendo alguns acréscimos.[9]

Na Itália o debate tem sido muito mais limitado, ainda que não falte alguma intervenção corajosa, que muito agradeço.[10]

De especial valor foram dois artigos, de plena concordância, publicados no Corriere dela Sera, pelo professor Giuseppe Alberigo.[11]

Finalmente, merecem ser lembradas outras recensões, entre elas a de Congar que, tendo apresentado favoravelmente o trabalho

---

[7] Ch. Munier, *Divorce, remariage et pénitence dans l'Eglise* primitive, in Revue des Sciences religieuses, 52 (1978), 97-117. As conclusões dessa obra, sobre o concílio de Niceia, foram ainda assumidas pelo próprio Munier em *La sollicitude pastorale de l'Eglise ancienne en matière de divorce et de remariage*, in Laval Théologique et philosophique 44 (1988), 19-30, e em *L'échec du mariage dans l'Eglise ancienne*, in Revue de Droit Canonique, 38 (1988), 26-40.

[8] As três citações respectivamente nas páginas 98, 116 e 117 do artigo de 1978.

[9] R. Macina, *Pour éclairer le terme: digamoi*, in Revue des Sciences Religieuses 61 (1987), 54-73. Esse artigo é assim sintetizado na Recension des Revues della Revue des Sciences Philosophiques et Théologiques, ano 1987, p. 496: "Les digames dont il est question à maintes reprises dans les textes conciliaires, et déjà à Nicée, étaient-ils des veufs qui convolaient en de nouvelles noces ou des divorcés qui se remariaient? Récemment l'italien G. Cereti a montré qu'ils étaient des divorcés remariés, thèse vainement réfutée par H Crouzel". R. Macina voltou ao argumento reafirmando essas conclusões em *Un modèle pour délier les divorcés remariés: l'«admission provisoire» des lapsi par Cyprien de Carthage († 258)*, em Le Supplement, 165 (1988, 2), 94-134 (v. abaixo).

[10] Lembro principalmente E. Ferasin, *Matrimonio e indissolubilità. A proposito di uno studio di Giovanni Cereti*, in Rivista Liturgica 70 (1983) 257-277. O artigo termina assim: "Non possiamo non fare nostre le parole conclusive dell'articolo di Cereti (in Rivista di Teologia Morale, 35 [1977] 461-473) in risposta a H. Crouzel: "In ogni caso credo convenga a tutti ricercare con obiettività la verità storica senza sterili polemiche e andando anche cauti negli apprezzamenti globali. Esiste anche un giudizio della storia di fronte al quale potrebbero restare squalificati proprio gli autori di affrettate stroncature" (p. 277).

[11] G. Alberigo, sull Corriere della Sera de 2 de dezembro de 1978 e de 1º de dezembro de 1985.

publicado em 1971¹², reapresentou resumidamente minhas novas conclusões em 1977¹³, a de Kannengiesser¹⁴, e outras ainda¹⁵. Concluo essa panorâmica com algumas linhas de um artigo mais recente do mesmo M. R. Macina, que mereceria ser lido integralmente. "Já é tempo de examinar o argumento principal de Cereti relativo aos *digamoi* de que fala o cânon 8 do Concílio de Niceia que mencionamos acima. Observando que o texto desse cânon exige que os hereges novacianos aceitem a comunhão com duas das três categorias de pecadores públicos, *cujos pecados levam à morte* e aos quais os rigoristas negavam totalmente a penitência, isto é, os *lapsi* e os adúlteros.

Cereti estabelece o paralelo, que se impõe com textos dos séculos terceiro e quarto que tratam dessa trilogia, e nos quais é evidente que jamais se trata de viúvos recasados, mas de adúlteros, em ambos os sentidos do termo: os que têm relações extraconjugais e os que se recasam depois de um divórcio... Diante da sólida evidência dos textos aduzidos por Cereti em favor de sua tese, já não é possível negar hoje a existência, na prática da Igreja dos primeiros séculos, de uma penitência oferecida aos divorciados recasados, que por seu divórcio não eram inocentes. Infelizmente não dispomos, como no caso dos *lapsi*, de documentos explícitos sobre o porquê e o como dessa atitude de misericórdia, mas parece que as poucas alusões mencionadas sejam suficientes para nos convencer que, mesmo não tendo sido uma questão simples, houve uma atitude corajosa, na qual a Igreja empenhou sua autoridade, a ponto de recusar a comunhão aos que continuavam presos ao rigor primitivo".¹⁶

---

¹² Em Revue des Sciences Philosophiques et Théologiques 59 (1975), 530-531.
¹³ Revue des Sciences Philosophiques et Théologiques, 61 (1977), 342.
¹⁴ Ch. Kannengiesser, in Recherches de Science Religieuse 68 (1980), 95-110.
¹⁵ Irénikon 51 (1978), 592-593; Archiv. fur Liturgie Wissenschaft 22 (1980), n. 378; Marcello Semeraro in Vetera Christianorum 1980, 162-164.
¹⁶ M.R. Macina, *Un modèle pour délier les divorcés remariés: l'«admission provisoire» des lapsi par Cyprien de Carthage* († 258), in Le Supplement, 165 (1988, 2), 94-134, citações às p. 110 e 113.

Do posfácio da segunda edição (preparada em 1998) de *Divorzio nuove nozze e penitenza nella chiesa primitiva*, permito-me retomar ainda o seguinte: "As conclusões às quais então cheguei não eram apriorismos que eu quisesse confirmar pelo estudo do Padres, ainda que urgências pastorais e ecumênicas, como explicava no prefácio, me levassem a procurar um novo modo de a Igreja católica enfrentar o problema do divórcio e de um novo casamento. Em um trabalho anterior eu tinha de algum modo tratado de todos os aspectos do problema, teológicos, canônicos, históricos, pastorais, ecumênicos, chegando a conclusões que ainda hoje considero perfeitamente válidas e atuais[17]: a proposta que eu apresentava de se assumir um sistema penitencial organizado no contexto de diocese, para todos aqueles casos que não se mostrassem nulos já num primeiro exame sumário, e que não pudessem ser resolvidos pela declaração de nulidade, parece-me estar sendo retomada nas publicações mais recentes, mesmo sem referência a minhas propostas.[18] Contudo, desde então ficava claro que o nó central a ser desatado, uma vez que os estudos bíblicos tinham mostrado a liberdade com que a igreja apostólica tinha enfrentado a questão, era conhecer mais a praxe da Igreja nos primeiros séculos, isto é, daquela Igreja ainda unida, para a qual olham hoje todas as Igrejas cristãs no seu caminho para a reconciliação plena, e a cuja tradição ainda está ligada a praxe atual das Igrejas orientais.[19] Limitando-me à pesquisa, não imaginava contudo que a reflexão atenta sobre o conjunto dos documentos me

---

[17] Trata-se do já citado G. CERETI, *Matrimonio e indissolubilità, nuove prospettive*, Dehoniane Bologna 1971.

[18] Penso especialmente em F.X. DURWELL, *Le sacrement du mariage*, in Revue de droit canonique 41 (1991), 169; J. BERNARD, *Fidélité et indissolubilité du mariage*, in Revue de droit canonique 44 (1994), 3-99; Id, *Dalla vita alla legge. A proposito del diritto matrimoniale e della relativa legislazione*, in Concilium 5/1996, 145-154; L. MENUZ, *Les divorcés remariés: de la communion ecclésiale à la communion eucharistique*, in Revue de droit canonique 47 (1997), 219-234.

[19] De fato, surgiu amplo debate na Igreja católica quanto à praxe das Igrejas orientais e ao seu modo de tratar a pastoral dos casamentos fracassados e de um novo casamento, interpretada por muitos como uma aplicação da "economia", quando na realidade se trata de uma continuidade com a praxe da Igreja antiga. Da considerável literatura sobre a questão, destaco alguns textos menos recentes: G. FERRARI, *Dissoluzione del sacramento nuziale e applicazione della oikonomia per seconde nozze secondo la teologia orientale*, in Nicolaus 5 (1977) 59-96; C.J. DUMONT, *L'indissolubilité du mariage dans l'Eglise orthodoxe byzantine. Fondements bibliques, patristiques et historiques*, in Revue de Droit canonique 31 (1981), 189-225; C. VOGEL, *Application du principe de l'"Economie" en matière de divorce dans le droit canonique oriental*, in Revue de Droit Canonique 32 (1982), 81-100.

obrigaria a tirar duas conclusões: na Igreja primitiva existia a possibilidade de o marido de uma esposa infiel repudiá-la, e de contrair nova união sem passar por nenhuma forma de penitência (a partir da interpretação então corrente do inciso de Mt 5,32 e 19,9), bem como a praxe que, em todos os outros casos, os 'adúlteros' (isto é, os que, segundo a expressão do evangelho, tivessem repudiado seu cônjuge e contraído nova união, ou aqueles que tivessem desposado uma pessoa repudiada, ou as pessoas repudiadas que se tivessem casado novamente) fossem submetidos a uma penitência pública e depois readmitidos à reconciliação e à Eucaristia após certo período de tempo. A grande Igreja reivindicava para si o poder de perdoar todos os pecados, também os mais graves, contra todas as formas de rigorismo então também presentes na comunidade cristã".

"A decisão de publicar novamente a obra em sua formulação original, numa edição fotostática, apesar da marginalização que a publicação de minhas pesquisas trouxera para minha vida pessoa e eclesial, prende-se a meu desejo de propor novamente, a uma comunidade hoje mais atenta e sensibilizada, conclusões que o autor, e não apenas ele, considera ainda plenamente válidas[20], aproveitando-me da legítima liberdade reconhecida pelo Concílio[21] e reafirmada pelo direito canônico[22]."

---

[20] É possível que, em pontos particulares, as conclusões pudessem ser discutidas ou revistas. O exame das recensões e mais em geral das pesquisas publicadas esses anos, das quais tomei conhecimento, não me levaram a considerar cientificamente errada nenhuma das afirmações feitas então; ainda que afirmações isoladas, sobre pontos específicos, possam ser discutidas e provavelmente devam ser corrigidas à luz de novas aquisições das ciências históricas, o que interessa é o quadro geral do trabalho, e as conclusões básicas a que chegou, e que não me parecem possam ser postas em dúvida no campo da pesquisa histórica.

[21] As dificuldades próprias do mundo contemporâneo "não são necessariamente danosas para a vida da fé; antes, podem levar o espírito a uma compreensão mais exata e mais profunda da mesma fé. Efetivamente, as recentes investigações e descobertas das ciências, da história e da filosofia, levantam novos problemas, que implicam consequências também para a vida e exigem dos teólogos novos estudos. Além disso, os teólogos são convidados a buscar constantemente, de acordo com os métodos e exigências próprias do conhecimento teológico, a forma mais adequada de comunicar a doutrina aos homens do seu tempo; porque uma coisa é o depósito da fé ou as suas verdades, outra o modo como elas se ' enunciam, sempre, porém, com o mesmo sentido e significado. ... E para que possam desempenhar bem a sua tarefa, deve reconhecer-se aos fiéis, clérigos ou leigos, uma justa liberdade de investigação, de pensamento e de expressão da própria opinião, com humildade e fortaleza, nos domínios da sua competência" (GS 62).

[22] "Os que se dedicam ao estudo das ciências sagradas gozam da justa liberdade de pesquisar e de manifestar com prudência o próprio pensamento sobre aquilo em que são peritos, conservando o devido obséquio para com o magistério da Igreja (cân. 218).

Permito-me também lembrar ainda dois escritos: *Amore e comunione nel matrimonio* (1983) e *Amore amicizia e matrimonio* (1987), redigidos com a finalidade de insistir que, na Igreja, se procure principalmente que surjam uniões matrimoniais felizes e plenamente bem sucedidas, que felizmente ainda constituem a maioria dos casamentos que conheço. Mas, bem por isso, não precisamos defender como casamentos uniões que jamais o foram, ou pelo menos parecem já não o ser: se um casamento fracassa, em muitos casos isso é consequência de um pecado, mas em outros casos é realmente possível que não seja "o que Deus uniu".

Com respeito muito grande por cada pessoa, permito-me finalmente manifestar outra convicção. Os que hoje negam a possibilidade de absolver os divorciados (que já contraíram novo casamento ou pensam fazê-lo) do pecado de ter faltado à palavra dada na celebração de suas núpcias, dizem e fazem exatamente o que faziam os novacianos de antigamente. O problema não se voltara a propor em épocas nas quais o casamento se celebrava apenas na igreja, e um segundo casamento era possível só para aqueles cujo primeiro casamento fosse reconhecido como inexistente pelos tribunais eclesiásticos; era assim que então a comunidade cristã procurava o bem do matrimônio e da família. Hoje, porém, ele se apresenta novamente; agora, como no tempo da Igreja antiga, praticamente em todos os Estados existe a possibilidade do casamento civil, ao qual recorrem também muitos cristãos. Quem não reconhece que seja possível conceder a essas pessoas a reconciliação sacramental, negando à Igreja o poder de exercitar a misericórdia em nome de Cristo e de perdoar todos os pecados, está caindo no erro dos novacianos. Eles excluíam da reconciliação e da comunhão, até à morte, os responsáveis pelos pecados de apostasia, homicídio e adultério, compreendendo com esse termo as pessoas assim mencionadas no evangelho (e nunca os viúvos recasados). Muito cedo a grande Igreja teve consciência de ter recebido do Senhor o poder de perdoar qualquer pecado, e, portanto, os admitia à penitência e, terminado esse tempo, readmitia-os à comunhão eclesial e eucarística. Que o Senhor não permita venham a cair no erro dos novacianos, correndo o risco de colocar-se fora da comunhão da grande Igreja, os que, em nome da defesa da fé, se opõem hoje à reconciliação dos fiéis que se encontram em tal situação!

A monogamia pregada na Igreja antiga revela a beleza e a grandeza do matrimônio cristão, sinal na terra do amor de Deus por nós, e de nosso amor pelo Senhor. Apelando para ela, também a Igreja de hoje deve continuar a anunciar o grande mistério e a grande alegria do matrimônio; mas pode voltar a exercitar a misericórdia em nome do Senhor em relação àqueles que não tiveram êxito na tentativa de viver esse altíssimo ideal e romperam o próprio pacto nupcial, mas diante de Deus reconhecem seu erro e imploram perdão de seu pecado, querendo iniciar uma nova vida na fidelidade ao Senhor.

Assim ela poderá fazer que muitos novamente desejem que seu amor seja reconhecido e abençoado na Igreja, na presença do Senhor e na presença da comunidade cristã, sem o temor de estar entrando numa situação sem saída se, devido à fragilidade humana, seu projeto de vida viesse a falhar, ao mesmo tempo que torna todos mais responsáveis por guardar, com infinita atenção e delicadeza, dia a dia, o dom precioso do amor conjugal e de seu matrimônio.

Roma, 11 de novembro de 2014
Giovanni Cereti

Primeira parte

**O ideal da monogamia
e a possibilidade de insucesso**

A monogamia absoluta como ideal revelado na Escritura

Arliano di Lucca, Toscana, Itália, primavera de 1980, depois do almoço. Caminhávamos tranquilamente no grande jardim de uma vila seiscentista, por ocasião de um encontro ecumênico. Alcanço dois amigos que conversam. De que vocês falavam? Calam-se embaraçados. Depois Gianni disse-me: "na verdade, estávamos falando do quanto queremos bem a nossas mulheres. Quando nos casamos, pensávamos querer-lhes todo o bem possível na terra. Hoje, depois de tantos anos, nós nos dizíamos que lhes queremos mil vezes mais. Elas foram a alegria e a sorte de nossa vida. Nem Névio, nem eu seríamos o que somos, se não tivéssemos tido a sorte de ter a nosso lado Misa e Miriam".

Testemunhos como esse, talvez, cada um de nós poderia lembrar inúmeros, de homens e mulheres. Testemunhos em palavras ou silenciosos, que falam com gestos e atitudes. Testemunhos de quem pôde fazer longo caminho com seu par, e testemunho de quem chorou por anos um caminho interrompido muito cedo no mundo visível, ainda que para a fidelidade do coração jamais tenha chegado ao fim. Testemunho do apoio recebido do cônjuge, no caso de pessoas com grandes responsabilidades; ou testemunho de cuidados delicados e amorosos no caso de enfermidades que exigem dedicação total. Quem teve a felicidade de manter contato com milhares de casais em movimentos de espiritualidade conjugal, como as Equipes de Nossa Senhora, ou em tantas outras ocasiões durante a vida, quem já foi acolhido como hóspede na intimidade de tantas casas e de tantas famílias, quem observou com olhos participativos e afetuosos também as vicissitudes familiares de próximos e distantes, foi e é testemunha de um amor manifestado de tantas formas diversas, um amor que se exprimia em mil gestos e sinais de afeto, um amor fonte de energia para tantas iniciativas e de inspiração para obras de arte; um amor cheio de alegria por se ver coroado pela presença de filhos e netos, um amor que foi capaz de crescer ao longo dos anos, um amor que enche de admiração e de gratidão diante daquele que acreditamos ser a fonte última de todo amor possível.

Quanta ternura despertam, nas reuniões de casais, as espontâneas e simples manifestações de afeto entre cônjuges idosos, carregadas com todo o peso da história de uma longa vida partilhada. Quanta solidão e dor quando um deles vem a faltar. Quanta comoção quando se veem dois jovens que, cheios de certeza e de entusiasmo se tomam pela mão ao começar juntos um novo caminho, levando seus passos por onde tantos andaram antes deles, renovando, geração após geração, um milagre que parece sempre novo nesta nossa humanidade.

1. Um homem e uma mulher para sempre, no projeto de Deus

Essa experiência tão profundamente emocionante do amor interpessoal entre um homem e uma mulher torna-se objeto de reflexão nas narrativas da criação, que encontramos no livro do Gênesis. Trata-se de narrativas sapienciais, ricas de simbolismos, que nos abrem uma perspectiva sobre as verdades mais profundas de nossa condição humana e que, talvez exatamente pela experiência das amarguras e dificuldades que marcam a condição da mulher em uma família poligâmica, apresenta-nos como modelo um casamento monogâmico: um homem e uma mulher, para sempre, esse é o grande dom do Criador para a humanidade.

A narrativa que lemos no segundo capítulo do Gênesis, cuja origem geralmente é datada do início do primeiro milênio antes de Cristo, ajuda-nos a compreender o sentido da relação entre homem e mulher. Não é bom que o homem esteja só: a pessoa humana foi criada para a relação e o encontro com os outros. E por mais maravilhosa que possa ser a criação, com sua multidão de seres vivos, sobre os quais o homem já exercita certo domínio ao lhes dar um nome, nada pode preencher a solidão de um ser humano sem o relacionamento com outra pessoa de igual dignidade, ainda que diferente. A criação da mulher, a partir do homem, quer certamente nos ensinar a total igualdade que existe entre homem e mulher, o caráter afetivo dos relacionamentos que os unem, como se fosse uma tendência a recompor a unidade originária, e a dignidade pessoal de cada um deles. Ao descobrir junto de si a presença da mulher, o homem prorrompe num grito de alegria, um grito de felicidade e de gratidão, que constitui a primeira palavra humana que encontramos na Bíblia, um grito de reconhecimento também pelo extraordinário dom da diferença sexual e da sexualidade. A mulher não responde a esse grito de alegria: já se disse com razão que a resposta da mulher, o diálogo entre as duas pessoas, nós a encontramos em outro livro da Bíblia, o Cântico dos cânticos, livro no qual Deus nem é nomeado, tão presente está nesse milagre do amor.

    A narrativa de Gênesis 2 continua com a afirmação: "por isso o homem deixará pai e mãe para se unir a sua mulher, e os dois tornam-se uma só carne" (Gn 2,24). O desligar-se dos pais é uma ruptura dolorosa, mas necessária para que seja possível o concentrar-se inteiramente na realidade nova que nasce, o casal. Pai e mãe podem ser deixados uma só vez na vida, e isso permitirá iniciar um novo caminho partilhado com outro ser humano, caminho no qual ambos são chamados não só a se amar, mas também a cuidar um do outro nos longos anos da vida, nos bons e maus momentos, na saúde e na doença. Homem e mulher tornam-se uma só carne, e isso não só em sua intimidade, mas principalmente no envolvimento de toda a sua pessoa. Formar um casal significa fazer nascer a maior comunhão de amor possível na terra, a relação pessoal mais íntima e duradoura que se possa imaginar. Exatamente quando pensamos numa relação conjugal limitada no tempo, é que percebemos que pode existir uma relação mais exclusiva e total, uma relação capaz de durar para sempre, relação à qual aspira quem quer que viva um amor autêntico. "Os dois estavam nus, mas não sentiam vergonha" (Gn 2,25). No projeto divino homem e mulher formam uma harmonia e uma comunhão tão íntima que exclui qualquer estranheza. Eles têm confiança um no outro e acolhem-se mutuamente, mesmo na situação de pobreza e precariedade simbolizada talvez pela sua nudez. Na meditação sapiencial do Gênesis, o pecado é que irá destruir essa plena e perfeita harmonia: anulada pela desobediência a comunhão com Deus, entra em crise também a comunhão entre homem e mulher, descobrem se estranhos, percebem que estão nus e fogem para se vestir (Gn 3,7). Como consequência do pecado, também começam a acusar-se (Gn 3,12), ao mesmo tempo que o relacionamento equilibrado no âmbito de sua intimidade, como era do projeto do Criador, mostra-se perturbado pela paixão e por uma indevida e desordenada submissão da mulher em relação ao homem (Gn 3,16).

Em toda a narrativa, a atenção central está na relação que une homem e mulher, ainda que a perspectiva da fecundidade esteja implicitamente presente: ambos se tornam uma só carne também nos filhos, e as dores que acompanham o parto são apresentadas como uma das consequências ou dos castigos do pecado. Por outro lado, nessa época fala-se pouco da fecundidade, porque ela parece consequência natural do amor entre homem e mulher. Em todo caso, a fecundidade será a justificativa para comportamentos que despertam tantas inquietações numa primeira leitura da Bíblia, como o costume de oferecer ao marido uma escrava para assim ter descendência, o procedimento das filhas de Lot, a lei do levirato que obrigava ao casamento com a viúva do irmão, para assim dar também a ele uma descendência (Dt 25,5-10).

2. Sinal da aliança entre Deus e seu povo

Segundo as Escrituras do Antigo Testamento, que serão retomadas no mesmo sentido pelo Novo, há principalmente um motivo extraordinário para que a união conjugal deva ser única e permanente: ela é apresentada como o sinal, o símbolo, a revelação de um pacto de aliança indissolúvel, mediante o qual Deus uniu a si seu povo para sempre.

O antigo Israel dava tão grande valor ao amor monogâmico e fiel entre homem e mulher, que o considerava como a experiência mais significativa na face da terra, a ponto de a escolher como símbolo do amor de Deus por seu povo, e do amor com que o povo deve corresponder ao amor de seu Deus.

É uma união que as infidelidades do homem não podem destruir, porque Deus é um Deus fiel, que continua a amar seu povo e a cercá-lo de sua misericórdia e de seu perdão, seja qual for sua conduta. Esse tema, talvez já acenado em Amós (Am 3,2), foi desenvolvido no século oitavo pelo profeta Oseias (Os 1–3). O profeta é convidado a meditar sobre sua vida conjugal. Deus chamara-o para casar-se com uma mulher de costumes fáceis, talvez participante da prostituição sacra nos templos cananeus. Apesar do nascimento de três filhos, a mulher abandonou o marido e voltou a entregar-se a outros. Deus manda que o profeta a acolha de novo como esposa, cercando-a de renovado amor. Refletindo sobre sua experiência, o profeta compreende a seriedade do amor de Deus, que chama seu povo à fidelidade e que se sente traído quando Israel se abandona a cultos pagãos. Deus continua fiel apesar das traições de seu povo, perdoa-lhe continuamente, acolhe-o novamente, e o povo, por sua vez, é convidado a voltar ao amor de sua juventude. Esse mesmo tema nupcial será retomado de forma diversa em outras passagens dos profetas (Jr 2,2; 3,1-13; Ez 16 e 23; Is 49,14-21; 54,1-10; 62,3-5).

Esse simbolismo por um lado ajuda também o povo mais simples a compreender a realidade e a profundidade do amor de Deus pelo seu povo, e o amor que dele espera. De outra parte também lança uma luz nova sobre a riqueza e a beleza do amor humano, apresentando-o como exclusivo e perene. O esposo é chamado a imitar o comportamento de Deus, cheio de benevolência e de compreensão para com a esposa, sejam quais forem seus erros, e deve reconhecer sua plena dignidade pessoal. Mas, também a mulher hebreia é ajudada a compreender qual o comportamento ideal de uma esposa para com seu marido. Como Deus quer ser amado com todo o nosso ser (Dt 6,5), assim também a esposa é chamada a amar seu esposo com todo o seu ser. O juramento que fundamenta a aliança não pode ser violado (Ez 16,59), e a mulher amada na juventude não pode ser abandonada (Is 54,6). A paz deve ser o fruto da aliança nupcial (Is 54,10).

Seja qual seja sua interpretação no campo exegético, o certo é que, na tradição e na fé do povo de Israel, também todo o Cântico dos cânticos foi lido e ainda hoje é interpretado como uma grande alegoria que, sob a narrativa de amor apaixonado entre um homem e uma mulher, nos ajuda a conhecer o amor de Deus por seu povo, e qual deve ser o amor do povo por seu Deus, como se disse acima. Nada existe na terra maior que esse mistério do amor, de um amor que nenhum acontecimento natural pode sufocar, e nenhum patrimônio terreno pode comprar.

> Põe-me como um selo sobre teu coração,
> como um selo sobre teu braço;
> porque forte como a morte é o amor,
> inflexível como o abismo é o ciúme.
> Suas chamas são chamas de fogo,
> uma chama de Javé!
> As grandes águas não podem extinguir o amor,
> nem os rios afogá-lo.
> Se alguém desse todas as riquezas de sua casa
> em troca do amor, seria com certeza desprezado. (Ct 8,6-7)

3. *A monogamia na história do povo de Israel*

A narrativa da criação, em Gênesis 2, como também o tema da aliança não se referem a algo que Israel não tenha experimentado. De fato, o amor pessoal entre um homem e uma mulher, que floresceu mesmo numa situação social na qual estavam presentes a poligamia e o divórcio, está testemunhado já nas narrativas mais antigas conservadas pelas Escrituras sagradas hebraico-cristãs.

Bastam poucas palavras para nos mostrar toda a riqueza dos sentimentos. No início do primeiro livro de Samuel, ouvimos os lamentos e o pranto de Ana por sua esterilidade, porque Penina, a outra esposa, orgulhosa de seus filhos, estava sempre a humilhá-la. Ela ouve então de seu marido Elcana uma resposta que revela um autêntico amor: "Ana, por que estás chorando e não queres comer? E por que se aflige teu coração? Não sou para ti mais do que dez filhos?" (1Sm 1,8). Até nas narrativas que nos falam da vida dos patriarcas encontramos elementos que nos mostram como já se conhecia a profundidade do amor conjugal. Lemos ali o que se conta de Isaac e Rebeca, inspiração ainda hoje para a celebração do casamento nas famílias hebreias ("Isaac introduziu Rebeca na tenda de Sara, sua mãe, e recebeu Rebeca por esposa e a amou. Assim se consolou da morte de sua mãe", Gn 24-67), bem como o que se conta de Jacó e de sua preferência por Raquel ("Assim, Jacó serviu por Raquel sete anos, que lhe pareceram poucos dias, tão grande era o amor que lhe tinha", Gn 29,20).

A experiência da poligamia, por sua vez, ajuda-nos a entrever os sofrimentos causados pela necessidade de dividir com outra mulher o mesmo homem, e os ciúmes que nascem. Não só no relacionamento entre Lia e Raquel, mas já antes entre Sara, a esposa de Abraão, e sua escrava Agar, com a perturbadora narrativa da expulsão de Agar e Ismael (Gn 21,8-21).

De qualquer modo, porém, será principalmente na época depois do exílio, época do chamado judaísmo do segundo templo –

durante a qual se tornou sempre mais delicada a consciência religiosa do hebraísmo – que, mesmo numa situação social que continuava permitindo poligamia e repúdio, o povo hebreu se orientou sempre mais para a proposta e a exaltação da monogamia.

Nessa época foi escrito o primeiro relato da criação, de ambiente sacerdotal, no qual se fala do homem criado à imagem de Deus. Mas essa imagem não é perfeita apenas com o homem, mas só com o homem e a mulher em conjunto. "E Deus criou o ser humano à sua imagem; à imagem de Deus o criou: homem e mulher os criou" (Gn 1,27).

A plenitude da imagem de Deus está na união do homem e da mulher, união que os vê em total igualdade. Eles são apresentados unidos em vista de uma tarefa, a transmissão da vida, já recordada na criação dos outros seres vivos, mas que aqui aparece como possível pela bênção de Deus, e como participação na própria fecundidade de Deus (cf. Sl 128). O autor sagrado, que depois de cada jornada recordara que "Deus viu que isso era bom", só depois da criação do homem e da mulher ousa dizer que "Deus viu tudo que havia feito: era muito bom" (Gn 1,31).

Os livros sapienciais apresentam-nos numerosas passagens em que se exalta a monogamia. Assim, o livro dos Provérbios, depois de condenar a mulher "que abandona o companheiro de sua juventude e esquece a aliança de seu Deus" (Pr 2,17), inculca longamente a fidelidade à mulher escolhida como companheira de vida, chamada a ser para sempre a única fonte de alegria e felicidade.

> Bebe água de tua cisterna
> e a que brota de teu poço,
> para que tuas fontes não escorram para fora,
> e nas ruas teus riachos;
> mas sejam para ti somente
> e não para estranhos junto contigo.

Seja bendita tua fonte;
alegra-te com a mulher de tua juventude:
corça amável, gazela graciosa.
Suas ternuras sempre te inebriem
e por seu amor sejas sempre atraído! (Pr 5, 15-19).

Um tema retomado também nos capítulos seguintes, com uma proposta de fidelidade dirigida também ao homem, interpretada como sinal da fidelidade ao próprio Deus, terminando o livro com o hino à mulher virtuosa (Pr 31,10-31).

No seu profundo pessimismo, Qohelet parece encontrar exatamente num amor único e fiel uma das maiores consolações concedidas por Deus à humanidade.

"Goza a vida com a esposa que amas, por todos os dias de tua vida fugaz que Deus te concede debaixo do sol, porque esta é tua parte na vida e nas penas que sofres debaixo do sol" (Ecl 9,9).

Relativamente mais novo é o livro de Tobias, tão delicado e precioso por apresentar um elevado ideal de família. Os afetos familiares são apresentados em seus aspectos mais positivos de sentimento religioso, de amor e de respeito mútuo. E as núpcias, que se pressupõem monogâmicas, são celebradas quase como resposta a uma vocação divina, graças à qual os esposos são chamados a se salvar e santificar mutuamente (Tb 6,16). O cântico que encerra o livro, canto de agradecimento e bênção, retoma o tema de Jerusalém no seu novo esplendor de esposa escatológica, colocando o livro na linha da tradição profética que já mencionamos, e preparando a plenitude da revelação, na qual a união conjugal será compreendida à luz do mistério de Cristo e da Igreja (Ef 5; Ap 21).

Ainda mais recente é o livro de Judite, talvez do segundo século antes de Cristo, no qual se narra a história de uma viúva, jovem e bela, que cumpre o ideal monogâmico mantendo para sempre fidelidade à memória do marido falecido. "Muitos a cortejaram, mas ela não se deu a nenhum homem, durante todos os dias de sua vida, desde o dia em que morreu Manassés, seu marido, e foi reunido a seus antepassados" (Jt 16,22).

4. O ensinamento de Jesus

Jesus, como membro do povo hebraico, conhecia essas Escrituras bem como os costumes de seu povo. Esses costumes, principalmente nos ambientes mais simples e humildes, previam como normal apenas o modelo do matrimônio monogâmico, como o testemunham não só os evangelhos da infância, mas também muitos outros testemunhos, sobretudo o que o próprio Jesus diz sobre o casamento e o repudio, nos dois textos que examinaremos abaixo (Jo 2,2).

Particularmente significativa é a narrativa das bodas de Caná, que encontramos no evangelho de João (Jo 2,1-11). A participação de Jesus nesse casamento era interpretada pela comunidade cristã primitiva e pelos Padres da Igreja dos séculos seguintes como uma aprovação do casamento, que assim podia ser defendido dos ataques dos hereges e rigoristas, muito presentes na Igreja dos primeiros séculos, que negavam o valor do matrimônio, e destacavam apenas as passagens em que Jesus convida a deixar tudo para segui-lo na procura do Reino de Deus.

O relato de Caná, porém, diz algo mais, levando-nos de volta ao tema das núpcias, tão presente no Antigo Testamento. A alegria de Deus irrompe no mundo do homem, o Reino de Deus começa a manifestar-se, e manifesta-se num banquete de casamento, que é sinal das núpcias messiânicas de Cristo e da Igreja. E essa novidade é simbolizada pelo vinho novo e inebriante, tão extraordinário em qualidade e quantidade. Não é sem motivo que as parábolas do Reino comparam muitas vezes a alegria do Reino com um banquete nupcial (Mt 22,1ss), e o próprio João poderá apresentar-nos o Batista como o amigo do esposo (Jo 3,29) enquanto o próprio Jesus se apresenta como o esposo (Mt 9,14-17; Mc 2,18-22; Lc 5,33-39).

O tema das núpcias entre Cristo e a Igreja reaparecerá também em Paulo (2Cor 11,2), e a ele se refere também o autor da carta aos efésios, para convidar os esposos ao amor e à submissão recíproca (Ef 5,22-31). Como o dom que Jesus faz de si mesmo à Igreja é um dom total e até ao sacrifício, do mesmo modo devem ser fiéis e sem arrependimento as núpcias dos cristãos, nas quais os cônjuges se doam e mutuamente se acolhem. A elevação da realidade nupcial ao mistério do amor divino faz brilhar o valor do matrimônio com nova luz também no Novo Testamento. Por isso esse poderá concluir-se com uma visão da Jerusalém celeste, a esposa do Cordeiro, bela como esposa que se enfeitou para seu esposo (Ap 21,2 e 9; cf. Ap 18,23; 19,7-9; 22,17).

5. Fogo que continua a arder sem se consumir

No livro do Êxodo, capítulo terceiro, encontramos o episódio famoso do arbusto que arde sem se consumir. "Moisés pensou: 'Vou dar uma volta para ver este grande espetáculo: como é que a sarça não se consome'. A voz de Deus adverte Moisés: 'Não te aproximes daqui! Tira as sandálias dos pés, porque o lugar onde estás é uma terra santa'" (Êx 3,1-5).

Poderíamos perguntar se é possível encontrar hoje na terra um fogo que continua a arder sem se consumir, e no qual se esconde e se revela a presença de Deus. Sem negar que isso possam ser os mosteiros e as comunidades religiosas, essa presença de Deus esconde-se e manifesta-se principalmente lá onde está aceso um fogo de amor que une duas pessoas, que lhes dá a força para viver e lutar, que se torna fecundo no dom dos filhos ou em mil outras formas de serviço na sociedade e na Igreja, que continua a arder através dos anos sem se apagar. Muitos casais cristãos e não cristãos fazem a experiência, no amor que os une, desse fogo que começa a arder na juventude, acompanha com seu calor seu caminho ao longo dos anos, talvez parecendo às vezes lânguido, outras vezes reavivado em chamas mais ardentes, e que parece atingir seu ponto mais alto bem nos últimos anos do caminho terreno. "Tira as sandálias dos pés, porque o lugar onde estás é uma terra santa!". Voltando para casa, eles se dão conta de todo o respeito devido a esse lugar, no qual continuou a arder o fogo de seu amor recíproco; entram, tirando os calçados, como num templo no qual continuou a se manifestar, anos após ano, o amor e a presença de Deus.

Os fracassos humanos na procura do ideal da monogamia

O maravilhoso projeto de Deus para o amor e o casamento monogâmico, proposto pelas Escrituras hebraico-cristãs, apresenta-se nessas mesmas Escrituras acompanhado de uma plena consciência da fragilidade do homem e da dificuldade que ele encontra ao tentar realizar esse ideal.

A infidelidade conjugal já era condenada na lei mosaica (Êx 20,14-17; Dt 5,18). A norma, porém, parecia mais voltada à tutela de um direito de propriedade do marido sobre a mulher, do que à proteção do valor de um relacionamento interpessoal e exclusivo entre os cônjuges. De fato, o homem casado comete adultério somente se tem relação com uma mulher que pertence como esposa a outro (e talvez só se esse é um israelita). A pena prevista, nesse caso, era a morte por lapidação para ambos os parceiros (Lv 20,10; Dt 22,22-24).

Contudo, a possibilidade de uma união conjugal tornar-se insustentável estava bem presente no mundo antigo, tanto que uma sociedade que admitia a poligamia conhecia também o recurso, se não ao divórcio, pelo menos ao repúdio por parte do homem, e não tinha a menor dificuldade de aceitar que, depois da ruptura de uma união, homem e mulher contraíssem novo casamento.

1. Regulamentação dos repúdios no Antigo Testamento

A facilidade e talvez a frequência com que o repúdio era praticado nas épocas mais antigas exigiram normas legislativas destinadas a limitá-lo, como acontecia em outras legislações da mesma região e da mesma época. Assim em Dt 22,29 encontramos a proibição do repúdio de uma virgem que fora seduzida e depois desposada; em Dt 22,13-19 temos a proibição do repúdio de uma mulher que o homem tivesse injustamente difamado. A passagem mais importante e mais conhecida, destinada a proteger de algum modo a mulher diante do arbítrio do homem, é a de Dt 24,1-4: a mulher, à qual se deu o libelo de repúdio e que se casou com outro homem, não poderá ser retomada pelo primeiro marido, mesmo se o segundo a tivesse repudiado também, ou tivesse morrido. É uma norma derivada de disposições mais antigas, talvez importadas da Babilônia, com a finalidade de limitar o arbítrio dos maridos que pretendiam poder repudiar sua mulher, ressalvando o direito de a retomar depois de ela ter contraído uma segunda união. Por um lado, a norma protegia a mulher de possíveis importunações do primeiro marido, caso quisesse voltar a viver com ela, e doutra parte desencorajava o repúdio ameaçando o marido com a impossibilidade de unir-se novamente à repudiada que se casara com outro.

Nesse texto encontramos também a menção de um libelo de repúdio, que parece ter sido a única formalidade necessária. O conteúdo desse libelo talvez o possamos conhecer a partir dos textos de Is 50,1 e Os 2,4 ("ela não é mais minha mulher e eu não sou mais seu marido").

Já mencionamos a insistência com que, nos livros sapienciais, se exalta a monogamia e se condena o repúdio e o divórcio. Passagem de particular importância é a que encontramos no pequeno livro do profeta Malaquias, que parece querer condenar principalmente os que repudiam sua esposa israelita, com a qual se tinham ligado na juventude, para escolher esposas nos ambientes gregos e pagãos. Repudiar a esposa, escolhida no povo de Deus, é de certo modo renegar a própria fé hebraica.

> Outra coisa fazeis ainda: cobris de lágrimas o altar de Javé, com prantos e gemidos, porque ele não olha mais para a oferta, nem a

acolhe com prazer de vossas mãos. E perguntais: "Por quê?" Porque Javé é testemunha entre ti e a mulher de tua juventude, que tu traíste, apesar de ser ela tua companheira, a mulher ligada a ti por um pacto. ... Porque eu detesto o repúdio, diz Javé, Deus de Israel (Ml 2,13-16).

Na época intertestamentária e neotestamentária, o divórcio e o novo casamento continuam, porém, a ser não apenas admitidos, mas até bastante difundidos no mundo hebraico, conforme aos costumes do tempo e ao direito vigente, isso pelo menos fora do ambiente de certas seitas mais rigoristas. Pelo testemunho de rabinos, o repúdio da esposa era geralmente praticado, principalmente no caso de esterilidade, mas também no caso de adultério, levando-se em conta que a pena de morte, prevista para a mulher adúltera (Lv 20,10; Dt 22,22) ao que parece não era aplicada. Nesse caso, porém, o divórcio não era apenas permitido, mas praticamente obrigatório (cf. Mt 1,19). A grande difusão do repúdio e do divórcio comprova-se pela importância assumida, na época de Jesus, pela disputa entre as escolas rabínicas de Hillel e de Shammay, que divergiam na interpretação da expressão "erwat dabar" ("alguma coisa indecente"), que se lê em Dt 24,1, texto aduzido para se falar de uma concessão de repúdio por Moisés. Como sabemos, a escola de Hillel afirmava que o repúdio era autorizado sempre que houvesse qualquer defeito, ainda que apenas leve; a escola de Shammay, porém, tinha uma interpretação restritiva, e só o admitia em caso de desordens sexuais graves, principalmente adultério.

Acontecendo o repúdio (ou o divórcio), um novo casamento era sempre possível: o libelo de repúdio servia exatamente para permitir que a mulher contraísse nova união. O estatuto legal das repudiadas era idêntico ao das viúvas, como vemos em Lv 21,14;22,13; Nm 30,10.

2. A novidade do ensino de Jesus

Membro do povo hebreu, Jesus apela para as Escrituras que exortam à monogamia, mas deve ter levado em conta as situações da sociedade na qual vivia e suas interpretações tradicionais. Respondendo a uma pergunta dos fariseus, segundo o relato que lemos com poucas variantes em Mc 10,2-12 e em Mt 19,3-12, ele apela para o projeto original de Deus de um casamento único e indissolúvel. Cita explicitamente os textos do Gênesis que falam da criação do homem e da mulher (Gn 1,27; 2,24): não lestes que o Criador, no princípio, fez um só homem para uma só mulher? Um homem deixa pai e mãe para unir-se a sua mulher, e os dois tornam-se uma só carne. O próprio Deus intervém nessa união, selando-a e consagrando-a de um modo que transcende as possibilidades humanas: "O que Deus uniu, o homem não deve separar" (Mc 10,10; Mt 19,6).

Segundo a interpretação dada pelo próprio Jesus, repúdio e divórcio não fazem parte do projeto original de Deus, mas são uma concessão à "dureza de coração", norma ditada da "paciência de Deus nos tempos da ignorância" (At 17,30). Aos fariseus que falavam de uma "ordem" de Moisés, entendendo mal sua intenção, Jesus responde que se trata de uma "permissão", uma exceção à norma estabelecida desde o princípio no momento da criação. O comportamento dos que descumprem essa exigência, pelo divórcio e por um novo casamento, é definido como adultério, enquanto ruptura do pacto conjugal com o cônjuge, e infidelidade à aliança com Deus, da qual a união fiel deve ser o sinal.

Essa superação do que fora permitido e regulamentado por Dt 24,1-4, tendo em conta a "dureza de coração" do povo de Deus, tornou-se possível na economia da nova aliança exatamente porque Jesus veio para restabelecer a plena comunhão com o Pai, no mistério de sua Páscoa. A oposição entre homem e mulher, devida à rebelião contra o Criador, foi superada: "se alguém está em Cristo, é uma nova criatura" (2Cor 5,17), por isso "não existe mais homem nem mulher: porque todos vós sois um só em Cristo Jesus" (Gl 3,28).

O ensinamento de Jesus sobre o tema foi-nos transmitido também em outros dois *logion*, em Mt 5,32 e Lc 16,18. Como recordaremos mais tarde, dada a importância do argumento, no evangelho são definidos como adúlteros os que, tendo repudiado sua esposa, tinham contraído um segundo casamento (Lc 16,18; Mc 10,11; Mt 19,9), a mulher que tinha repudiado seu marido e se recasara (Mc10,12), a mulher repudiada que se casava de novo (Mt 5,32), bem como aquele que se casava com ela (Lc 16,18; Mt 5,32). Um pecado, pois, gravíssimo, mas que certamente Jesus jamais considerou imperdoável.

A rejeição de um segundo casamento, de fato, deve-se entender não tanto como uma norma, mas como proposta de plenitude e de perfeição em vista do Reino de Deus. Jesus pede, aos que querem entrar e fazer parte do Reino, e que estão diante do insucesso de seu casamento, que se tornem eunucos, isto é, segundo a interpretação que parece preferível, que renunciem a um novo casamento (Mt 19, 10-12). O fazer-se eunuco pelo Reino dos Céus revela como, para Jesus, a indissolubilidade do matrimônio não é proposta como lei, mas como perspectiva quase escatológica. Não é sem motivo que, no sermão da montanha, a condenação do repúdio e do segundo casamento está lado a lado com a proibição do juramento e outras recomendações de não-violência e de amor aos inimigos, que a comunidade cristã nunca interpretou como lei obrigatória, mas como orientação para os que querem procurar ser perfeitos como o Pai Celeste é perfeito (Mt 5,48).

Paulo ecoará esse ensinamento quando, na primeira carta aos coríntios, carta escrita antes que os nossos evangelhos canônicos fossem redigidos, afirma que deve transmitir uma exigência de Jesus, que ele tinha recebido evidentemente da catequese oral da comunidade cristã.

Às pessoas casadas ordeno, não eu, mas o Senhor: que a mulher não se separe do marido; em caso de separação, que ela não torne a casar--se, ou então reconcilie-se com o marido; e que o marido não repudie a mulher (1Cor 7,10-11).

Essa passagem, claríssima ao referir as exigências de Jesus, referia-se provavelmente a um caso concreto na comunidade de Corinto. Contudo, a disparidade de tratamento que aí parece prevista para o homem e a mulher, em se tratando de um novo casamento, levando-se em conta também o que se diz em Rm 7,2-3, fez que na Igreja antiga houvesse muito mais rigor ao tratar da reconciliação de uma mulher recasada depois do divórcio – ainda que o marido lhe tivesse sido infiel – do que quando se tratava de um homem nas mesmas condições.

3. *A praxe da Igreja nos primeiros séculos*

Seguindo o ensinamento de Jesus, a Igreja primitiva defenderá a bondade do matrimônio contra todas as negações dos rigoristas, e insistirá no anúncio da monogamia como ideal e característica do cristão.

A pregação da "monogamia", isto é, do casamento único, excluía não só a poligamia como casamento simultâneo com mais pessoas, mas também a poligamia sucessiva. O ideal cristão é o casamento único e permanente, não para oprimir a felicidade do homem, mas para o bem e a felicidade plena do homem e da mulher, bem como para o bem de seus filhos.

Testemunhos mais ou menos explícitos quanto a isso encontramos já no segundo século, na carta de Inácio de Antioquia a

Policarpo de Smirna, no Pastor de Hermas, na primeira apologia de Justino, na súplica de Atenágoras em favor dos cristãos (177), na carta a Autólico de Teófilho de Antioquia, no Octavius de Minúcio Felix, em Irineu de Lião, em Clemente de Alexandria e em muitos escritos de Tertuliano (Cereti 1977, 105-125).

Essa pregação da monogamia era valorizada pelo testemunho concreto da vida dos cristãos da época, da qual temos vários indícios em muitas inscrições funerárias. Essa pregação apelava para o projeto do Criador sobre o homem e a mulher, projeto fortemente reafirmado por Jesus. Anúncio que parecia revolucionário diante da mentalidade e das tendências da sociedade de então, nem mais nem menos revolucionário do que continua sendo diante da mentalidade de tão grande parte da cultura e da sociedade de hoje. Vivendo com intensidade e fervor sua fé, os discípulos do Senhor, como acontece também hoje em tantos movimentos mais comprometidos, procuravam ser fiéis até as últimas consequências, apesar de todas as dificuldades contra o evangelho e o ideal da monogamia. Contudo, apesar do esforço dessa comunidade, não devemos esconder que desde o início nela encontramos infidelidades à vontade do Senhor nos mais diversos campos, como o testemunha o Novo Testamento, particularmente nos Atos dos Apóstolos e nas cartas apostólicas.

A perda do fervor inicial, da qual já se fala no Apocalipse, devia tornar-se sempre mais comum, à medida que o cristianismo era abraçado por pessoas talvez imperfeitamente evangelizadas.

A existência de uniões conjugais malsucedidas e de pessoas recasadas é testemunhada por muitas intervenções dos Padres da Igreja e dos Concílios locais, que condenavam esses comportamentos e excluíam da comunhão eucarística os responsáveis por esses pecados, como já acontecera com o incestuoso de Corinto, de que fala Paulo em 1Cor 5,1-5.

Seguindo de modo mais literal os ensinamentos de Jesus e da era apostólica, só o segundo casamento depois da morte do cônjuge é reconhecido como lícito (Rm 7, 2-3; 1Cor 7,39; cf. Mc 12, 18-27 e par.), ainda que isso por si mesmo já fosse uma exceção à lei da monogamia absoluta.

Fazia-se ainda outra exceção, de acordo com a praxe hebraica e a mentalidade da época, no caso de a mulher ter sido infiel a seu marido. As "cláusulas" que encontramos em Mt 5,32 e 19,9, apesar da interpretação que recebem hoje, durante os primeiros séculos foram lidas como permitindo o abandono da esposa infiel e a possibilidade de o marido casar-se novamente, sem qualquer forma de penitência (Cereti 1977, 167-264).

4. Matrimônio e divórcio no direito romano e no direito do império romano-cristão

As primeiras gerações cristãs viviam numa sociedade regulada pelas normas do direito romano, e estavam certamente sujeitas aos condicionamentos sociológicos e culturais de seu ambiente. Era praticamente impossível escapar desses condicionamentos, mesmo depois da conversão à nova religião.

O matrimônio, que no mundo greco-romano era regulado pelo direito consuetudinário e pelas tradições familiares, jamais foi uma instituição puramente jurídica; antes, as mais das vezes o direito limitou-se a assumir ou reconhecer os relacionamentos existentes, o estado de fato considerado como matrimônio, segundo os usos e costumes religiosos e sociais da época.

O altíssimo conceito que os romanos tinham do matrimônio, dando por certo que ele deveria ser único e permanente, mostra-se nas definições segundo as quais o matrimônio é *"Viri et mulieris coniunctio, individuam consuetudinem vitae continens"* (Ist. 1,9,1) e *"Coniunctio maris et foeminae et consortium omnis vitae, divini et humani juris communicatio"* (Modestino, in *Dig* 23.2.1).

Ainda que certamente não pudesse faltar um momento inicial do casamento, regulado sobretudo pelos costumes locais e familiares, contudo o casamento era reconhecido como existente sempre que existisse a *affectio maritalis*, isto é, a vontade de ser marido e mulher, que deveria continuar existindo para manter vivo o matrimônio. Essa *affectio* manifestava-se externamente pela *honor matrimonii*, isto é, pelo respeito e a honra que ambos os cônjuges se manifestavam nos relacionamentos sociais.

Ora, se nos atemos à interpretação que prevalece entre os romanistas, deixando de existir a *affectio maritalis*, acabava o consenso e, portanto, o matrimônio era como que destruído a partir de dentro, e deixava de existir também juridicamente. Pois não era concebível que pudesse continuar existindo por força de uma ficção jurídica alheia à vontade das partes. A ideia que fosse possível alguma sobrevida jurídica do casamento, mesmo depois de ter cessado a vontade dos cônjuges, era de tal modo inaceitável que o direito romano considerava torpe o compromisso de não se divorciar, ou de pagar uma multa em caso de divórcio (cf. *Dig* 45.1.19; C. 5.4.14; C 6.46.2.).

Essa concepção do matrimônio explica porque, para o direito romano, o divórcio fosse sempre considerado possível, sem nenhuma causa específica para justificá-lo, e sem que se exigisse uma formalidade jurídica determinada. Como não existe nenhuma intervenção do estado na constituição do matrimônio, tratando-se pois de uma "questão familiar", repúdio e divórcio não exigem qualquer intervenção da autoridade pública" (Gaudemet, *Le mariage*, 41).

Obrigar alguém a retornar ao casamento anterior, de qualquer modo que fosse, seria ir contra a lei que tutelava rigidamente a liberdade no campo matrimonial, não só no contrair o matrimônio, mas também no tocante ao divórcio. Uma constituição do final do século terceiro, devida aos imperadores Diocleciano e

Maximino, proibia que se obrigasse alguém a contrair matrimônio, ou a reconciliar-se com o cônjuge de um casamento desfeito: isso se considerava defesa obrigatória da liberdade pessoal. Essa constituição continuou em vigor durante toda a época do império romano-cristão, e, dois séculos depois, Justiniano inseriu-a em seu Código (C 5.4.14).

Depois do divórcio, um novo casamento era sempre possível. A mulher talvez perdesse a *honra* devida à *univira*, mas nem por isso o novo casamento era considerado uma união de segunda classe: era até praticamente obrigatório, depois das leis de Augusto que, para enfrentar a decadência dos costumes familiares da época e a forte queda da demografia, impunham graves sanções pecuniárias e fiscais aos solteiros em idade nupcial, aos quais se equiparavam viúvos e divorciados, se não tivessem tido pelo menos três filhos na união anterior (Humbert 138-178). Convém nesta altura destacar que essas regras, que impunham aos cidadãos a obrigação de se casar novamente depois da morte do cônjuge, ou do divórcio, continuaram em vigor durante toda a época clássica, foram continuamente aperfeiçoadas e reforçadas, e jamais caíram em desuso. Tanto que quando Constantino, quase certamente influenciado pelo cristianismo, ab-rogou certas penas em vigor contra os solteiros (e portanto contra viúvos e divorciados não recasados que a eles se equiparavam) disse estar livrando os cidadãos do "terror ameaçador das leis" (Constituição de 320, in *Codex Theodosianus* 8.16.1).

Também quando os imperadores cristãos começaram a introduzir as primeiras restrições à absoluta liberdade de repúdio e de divórcio, essas restrições pelo menos inicialmente impuseram consequências principalmente pecuniárias, que atingiam portanto só as camadas abastadas: perda do dote por parte da mulher ou, para o culpado pelo divórcio, a obrigação de o restituir. Jamais as leis romanas declararam inválidos os divórcios e repúdios, e jamais foi determinado que o matrimônio devesse continuar existindo, ou que a nova união pudesse ser declarada inválida (Gaudemet, *L'Eglise*, 541).

Vivendo junto a todos os outros na sociedade civil da época, os cristãos que se recasavam, portanto, viam seu novo casamento reconhecido pela lei civil, bem como pela mentalidade do ambiente em que viviam. Por isso os Padres da Igreja convidavam a tomar consciência que havia uma distinção entre a lei civil e as exigências do evangelho. Aqueles que, se tendo separado de seu cônjuge, se tinham unido estavelmente com outra pessoa, contraindo uma união que a sociedade e o direito civil consideravam como matrimônio, deviam saber que essa nova união era considerada adultério pela comunidade cristã, e isso à luz do evangelho.

Entre as múltiplas citações possíveis de Padres da Igreja que o afirmam (Cereti 1977, 143, nota 35), limitamo-nos aqui a citar apenas um texto de Ambrósio: "*et coniugium quod putas adulterium est*" – aquilo que consideras matrimônio, porque reconhecido como tal pela sociedade civil, de fato é adultério aos olhos do Senhor – (Com. ao evangelho de Lucas, 8,6, in S Chr 52,103).

Sendo que na época era inconcebível que uma mulher pudesse ficar sozinha, os Padres também davam como fora de discussão que a mulher repudiada praticamente era obrigada a contrair novo casamento e, portanto, a se tornar adúltera. Assim, por exemplo, Ilário de Poitiers, no seu comentário sobre o evangelho de Mateus 4,22 (in PL 9, 939-940), além de Ambrósio no texto citado: "*Pone, si repudiata nubat; necessitas illius tuum crimen est*": se a mulher repudiada novamente se casa, isso que para ela é uma necessidade, pesa sobre tua consciência. Não sem razão disse o próprio Jesus que "Quem se divorciar de sua mulher... a faz cair em adultério" (Mt 5,32).

5. Os desenvolvimentos medievais

Os cristãos dos primeiros séculos, que viviam em uma sociedade na qual o matrimônio se regia inteiramente pela vontade dos cônjuges, que queriam continuar como marido e mulher, preocupavam-se com ensinar que, segundo o evangelho, o matrimônio não deve ser dissolvido.

Com o passar dos séculos, emergiu a ideia de um vínculo ontológico criado pelo matrimônio, vínculo que torna o matrimônio indissolúvel. Esse passo deve-se ao desenvolvimento do direito canônico durante a Idade Média, um direito que foi elaborado a partir do direito romano, mas com profundas modificações devidas à influência do direito germânico, e à progressiva afirmação do caráter sacramental do matrimônio.

Esse avanço levou também à mudança na interpretação de expressões tradicionais. O direito romano tinha um princípio de importância fundamental: *"Nuptias non concubitus, sed consensus facit"*. Afirmava-se que não era a convivência nem o fato de viver a intimidade conjugal que criava e mantinha vivo o matrimônio, mas sim a existência da *affectio coniugalis*, da vontade dos esposos de ser marido e mulher. Nessa vontade estava o *consensus* dos esposos, um consenso que, como se disse, devia perdurar no tempo, e que era manifestado pelo *honor matrimonii*, pelo respeito com o qual cada cônjuge tratava o outro em público, exatamente como cônjuge. Para o direito romano, nada podia substituir essa vontade dos esposos; se ela faltava, deixava de existir o próprio matrimônio. Pregando a monogamia, a comunidade cristã daqueles séculos tinha, portanto, de pedir a seus membros que fizessem perdurar esse consenso por toda a vida.

Ao longo da Idade Média, o princípio que citamos sofreu uma reinterpretação. Já não era entendido como se referindo ao consenso que devia perdurar, mas como se referindo à troca de consentimentos que acontecia no momento da celebração do matrimônio, celebração que aos poucos se introduzira na comunidade eclesial. É a troca dos consentimentos que faz surgir o matrimônio, criando um contrato que a Igreja foi reconhecendo como sacramento. A identidade entre contrato e sacramento faz que, uma vez acontecida a troca de consentimentos, o matrimônio se torna absolutamente indissolúvel, também no plano jurídico: será possível verificar apenas se houve efetivamente um *consensus* válido, e será exatamente essa a tarefa que será confiada ao tribunal eclesiástico.

Nessa perspectiva também o *concubitus* foi reinterpretado como se referindo à consumação do matrimônio pela relação conjugal: assim se estabeleceu o princípio canônico, segundo o qual o matrimônio apenas *rato* (no qual houve a troca de consentimentos), mas *não consumado* (por não ter havido o *concubitus*, no sentido supra mencionado) podia ser dissolvido com uma dispensa papal. Dessa concepção deriva a praxe, em vigor ainda hoje, da dispensa *super rato*, isto é, da possibilidade de ser dissolvido pelo papa um matrimônio *rato* mas não *consumato*.

Durante esses mesmos séculos, numa época em que a organização da sociedade civil era fortemente deficiente, difundiram-se por toda parte os tribunais episcopais que, na ausência de outra jurisdição, assumiram muitas vezes uma competência universal. Quando a sociedade civil voltou a se organizar, com suas magistraturas e tribunais, a competência dos tribunais episcopais reduziu-se gradualmente, concentrando-se principalmente nas matérias sacras, particularmente nos sacramentos. Por isso os tribunais eclesiásticos na época moderna mantiveram sua competência sobretudo para as causas referentes ao matrimônio, reconhecido como sacramento pela comunidade católica: tratava-se de uma *res mixta*, com aspectos civis e aspectos sacramentais. Por isso a competência, para julgar se um matrimônio celebrado canonicamente era válido ou não, foi reivindicada pelos bispos e tribunais eclesiásticos até a época mais recente. Hoje, porém, na maior parte dos países, mesmo de tradição católica, a decisão do tribunal eclesiástico serve apenas para tranquilizar a consciência dos cristãos, e para se reconhecer o valor também sacramental de um novo casamento. Não tem, porém, qualquer valor no campo civil. Em alguns países, essa decisão pode ter também valor para a sociedade civil que, em virtude de uma concordata, a pode acolher mediante deliberação do tribunal civil, com todas as consequências, também patrimoniais, que essa decisão pode ter. Em todo caso, com o sistema de tribunais eclesiásticos matrimoniais, a comunidade cristã defendeu com força e determinação, ao longo do segundo milênio, a permanência do matrimônio, contribuindo para forjar o modelo de matrimônio monogâmico e indissolúvel que constitui, por séculos, o orgulho dos povos cristãos.

A disciplina atual da Igreja católica quando um matrimônio é malsucedido

Diz a experiência que também hoje, apesar da restauração da harmonia entre homem e mulher pela Páscoa de Cristo, e apesar de toda a boa vontade dos que assumem o matrimônio e procuram, confiando na graça do Senhor, realizar em sua vida o ideal da monogamia, muitas uniões matrimoniais não conseguem superar a prova dos anos. Pois é um fato a falibilidade e a limitação humana, e existe também o mistério do mal e do pecado, e assim a possibilidade de a pessoa não corresponder a sua vocação matrimonial, faltando ao mesmo tempo à palavra solenemente dada ao cônjuge diante de Deus e da comunidade. Às vezes por culpa de um dos dois, e mais frequentemente com certa responsabilidade de ambos, e talvez ainda mais frequentemente pela dificuldade objetiva de um encontro interpessoal que não pôde dar-se plenamente, no plano físico, afetivo ou espiritual, sem que se possa falar de uma verdadeira culpa de alguém. O fato é que muitas uniões, apesar de iniciadas com as melhores intenções, não resistem à prova do tempo.

Esses insucessos são mais frequentes hoje em dia, talvez também porque se tornou espasmódica a expectativa de uma felicidade conjugal, que não aceita conviver com os sacrifícios e a renúncia a si mesmo que a vida em família exige, e a mulher já não está disposta a aceitar certas situações que no passado eram suportadas mais passivamente. A própria sociedade não ajuda e não apoia os esposos para que possam ser fiéis a seu compromisso conjugal, como os podia ajudar no passado, também pelo controle social, já não desejável nem possível. Pode também ser que muitos hoje estejam menos preparados para os compromissos a serem assumidos com o matrimônio, ou pode finalmente ser que muitas dificuldades se devam ao fato de a média de vida se ter alongado bastante, e com isso a duração média dos casamentos; no passado os poucos anos de vida comum eram muitas vezes totalmente ocupados com as responsabilidades parentais. As famílias de origem sentem-se no dever de contribuir para manter os esposos em seu caminho, mas nem sempre seus esforços têm êxito positivo; e, muitas vezes até, suas intervenções e sua ingerência na vida do casal podem estar na origem de muitos insucessos. E a própria comunidade cristã pode ter falhado em sua missão de educar os jovens para um reto uso de sua afetividade e para levar a sério os compromissos. Mas deve-se também perguntar se muitas vezes ela não teima em defender, como se fosse um casamento autêntico, o que não passa de uma aparência. Em uma sociedade secularizada como a atual, é cada vez mais difícil viver aquela ardente tensão de fé e de amor, que no passado e ainda hoje está na origem de uniões estáveis e felizes, alicerçadas sobre a rocha da Palavra de Deus e sobre a plena correspondência à graça do Senhor.

Quando aquele fogo, que lembramos ao falar da sarça ardente, não chegou a arder de fato, ou, por culpa de alguém ou sem culpa de ninguém, não pôde manter-se aceso, que soluções há na comunidade cristã para aqueles que diante de si não veem senão cinzas frias?

1. *Separação e divórcio*

O relacionamento pessoal de cada ser humano com Deus deve ser alimentado e mantido pela comunidade cristã, que é chamada a fazer todo o possível para que cada um de seus membros possa desenvolver ao máximo uma relação de fidelidade e de amor, acompanhando-o em sua caminhada com o devido acolhimento, com o anuncio da palavra de Deus e com o apoio de uma vida sacramental. Uma comunidade cristã, que vive autenticamente o amor, e está atenta às necessidades de seus membros, pode prevenir muitas situações negativas e ajudar a superar muitas dificuldades. Chamada a conciliar o anúncio do projeto de Deus para o matrimônio e o exercício da misericórdia, ela procura intervir para orientar a conduta de seus fiéis e para regular sua participação na vida sacramental, levando em conta o bem de cada um e de toda a sociedade. Essa regulamentação no plano da Igreja universal está atualmente no novo código de direito canônico, que é o estágio final de uma longa evolução, que soube integrar algumas das aquisições da época conciliar e pós-conciliar.

Ora, quanto ao que se refere ao tratamento dos casos de insucesso matrimonial, temos que reconhecer que a Igreja sempre teve consciência que uma vida conjugal se possa mostrar de fato absolutamente insustentável, e por isso, desde os tempos mais antigos, admitiu como legítimo o recurso a uma separação dos esposos, temporária ou definitiva, sem direito a um novo casamento. É a chamada separação "de cama e mesa", como se dizia na linguagem dos antigos canonistas.

Em alguns estados, uma separação desse tipo só se pode conseguir com o divórcio. Nesse caso, é perfeitamente lícito para um católico requerer não só a separação, mas até mesmo o divórcio, não para contrair novo casamento civil, mas para obter pleno reconhecimento do direito à liberdade pessoal, ao alimento para si e os filhos, à moradia etc.

Quem recorreu à separação com justa causa, ou também quem requereu o divórcio para proteger seus direitos ou o dos filhos, ou finalmente quem teve de aceitar contra a vontade um divórcio requerido pelo outro, está evidentemente isento de culpa (sem falar da responsabilidade que possa ter no insucesso do casamento), e tudo que a comunidade cristã pode exigir é uma atitude de misericórdia e de perdão, o continuar querendo o bem do outro, e também a disposição de reassumir a vida conjugal caso as circunstâncias o permitam. Em todos esses casos e nessas condições, a Igreja não vê obstáculos que impeçam a participação na vida sacramental e mesmo na Eucaristia, contanto que não se tenha contraído nova união (FC n. 83; CEI 1979, n. 45 e 47).

Em princípio, porém, não se admite à Eucaristia quem, requereu o divórcio, fora dos casos de necessidade acima lembrados, ainda que não tenha contraído nova união. O pecado de ter recorrido ao divórcio civil, contudo, pode ser absolvido no sacramento da reconciliação, se a pessoa se mostra sinceramente arrependida, e se considera ligada diante de Deus pelo vínculo contraído, e esteja disposta a reparar, na medida do possível, o mal cometido (CEI 1979 n.48).

2. O recurso aos tribunais eclesiásticos

Na disciplina atual da Igreja católica, porém, estão excluídos da reconciliação e da participação na Eucaristia os divorciados que se casaram novamente porque, levando vida conjugal com o novo parceiro, estão, como se diz, em ocasião próxima de pecado. A absolvição poderá ser dada apenas se se separam do novo cônjuge e voltam ao anterior.

Quando isso se mostra impossível, e a ruptura da primeira união parece agora irreversível, o que pode ser aconselhado na comunidade cristã, para reconciliar-se com a Igreja e com a própria consciência, é o recurso ao tribunal eclesiástico, no qual o matrimônio pode ser declarado nulo. Quando um casamento fracassa é muito provável que não estejamos diante daquilo "que Deus uniu". Por isso a Igreja procura verificar, enquanto humanamente se pode constatar, se Deus tinha de fato unido aquele casal, ou se na realidade o matrimônio era inexistente.

A nulidade pode ser reconhecida levando-se em conta uma série de causas, já reconhecidas pela tradição, ou tornadas mais claras principalmente nos últimos anos: vício de forma, falta de um requisito essencial ou existência de impedimentos, vício de consentimento (que pode não ter sido totalmente livre), imaturidade pessoal, que torna a pessoa incapaz de assumir as obrigações matrimoniais, ou finalmente a exclusão de um dos bens específicos do casamento. A Igreja considera válido o casamento só se ambos os nubentes assumiram-no comprometendo-se interior e sinceramente com seus três "bens": o *bonum fidei*, o *bonum sacramenti* e o *bonum prolis*. Ou seja: se se comprometeram com a fidelidade, a indissolubilidade e a aceitação dos filhos. Essa enumeração e sobretudo essa última exigência mostram como muitas uniões, consideradas como matrimônio sacramental, carecem de fato (ainda que às vezes ocultamente) de elementos essenciais para a existência de um casamento válido e sacramental. Parece que em noventa por cento dos casos o casamento suspeito de nulidade é reconhecido pelo tribunal eclesiástico como inexistente; isso mostra como é provável que seja realmente apenas aparente um casamento considerado válido pelo simples fato de ter sido celebrado na Igreja.

No caso de a nulidade ser reconhecida, ou nos casos mais raros de dispensa *super rato*, ou de aplicação do "privilégio paulino" ou "petrino", a declaração de nulidade ou a dissolução da união anterior permitem a celebração de um novo casamento, na forma canônica, com pleno direito de admissão à Eucaristia e à participação na vida eclesial em todas as suas manifestações.

Se, pelo contrário, os interessados não recorreram ao tribunal eclesiástico, ou se, tendo recorrido, a nulidade não foi reconhecida, nesse caso o divorciado, ou quem se casou com um divorciado, são considerados em situação pública de pecado ou de ocasião próxima de pecado. Podem ser readmitidos à comunhão eclesial e eucarística somente se prometem viver "como irmão e irmã", ou seja, assumindo o compromisso de viver em plena continência, sem qualquer relacionamento conjugal, desde que isso não seja causa de escândalo (FC n. 84; CEI 1979 nn. 24-28). Nesse caso, hoje o cristão é convidado a mostrar a sinceridade de sua conversão voltando à união anterior, ou pelo menos renunciando à segunda, independentemente da qualidade do relacionamento.

Às dificuldades apresentadas por essa solução responde-se procurando encorajar, quem está nessa situação, a participar da vida da comunidade eclesial, exortando-o fortemente a orar, a ouvir a palavra de Deus, e a conduzir uma vida exemplarmente cristã, lembrando-lhe que durante séculos monges e eremitas não participavam habitualmente da Eucaristia, e que, portanto, talvez ela não seja tão importante para a vida cristã como hoje se pensa.

O batismo dos filhos de divorciados recasados no civil é admitido mais facilmente que o batismo dos filhos de casais unidos só civilmente. Isso porque aqueles não têm possibilidade de regularizar sua situação com um casamento na Igreja, e não escolheram o casamento civil por falta de fé ou para desafiar a Igreja (CEI 1979 n. 52). Também se pode conceder a eles a sepultura eclesiástica, se não houver perigo de escândalo (CEI 1979, n. 29. Cf. Carta Circular da Congregação para a Doutrina da Fé: *Carta Circular sobre as exéquias eclesiásticas de fiéis que se encontram em situação matrimonial irregular*, de 29.5.1973, in EV 4, 2508, ou http://www.vatican.va/roman_curia/congregations/cfaith/documents/rc_con_cfaith_doc_19730529_sepolt-eccl-matr-irreg_po.html).

3. Uma solução que desperta muitas questões

À consciência da comunidade cristã não parecem totalmente satisfatórias essas soluções de caráter jurídico, ainda que bem elaboradas e aplicadas com tanta dedicação e total boa-fé. O recurso aos tribunais eclesiásticos, para verificar se o matrimônio realmente existiu, é sempre aconselhável. Mas, as soluções que eles oferecem não parecem de todo conformes às exigências do evangelho. Em alguns casos, o cônjuge que teria o direito de pedir a declaração de nulidade, por exemplo, devido à impotência ou às condições psíquicas do outro, renuncia a dar início à causa para não o humilhar, fazendo louvável opção pela caridade e respeito à dignidade do outro. Muitos apontam como reprovável que, em muitos casos, a inexistência do casamento é declarada por motivos que nada têm a ver com as causas reais do insucesso da união. Outros criticam esse sistema porque parece não levar devidamente em conta a realidade existencial dos esposos, que durante vários anos puderam viver uma união conjugal feliz. Para outros ainda não é convincente o aparato jurídico dos tribunais, sendo que, apesar de todas as melhorias feitas ultimamente, ainda parecem excessivas as despesas e as complicações que eles apresentam.

Um limite objetivo à ação dos tribunais eclesiásticos é que eles foram plenamente constituídos (pelo menos na sua forma europeia) em pouquíssimos países, e com isso os católicos de outros países não têm acesso a esse caminho para ver reconhecida a inexistência de seu casamento. Outro limite é que exatamente nos países mais pobres e menos desenvolvidos é que essa estrutura não pôde ser criada. Só pessoas de certo nível econômico, mas principalmente de certa cultura, estão aptas a acompanhar um processo canônico e obter mais facilmente uma declaração de nulidade, também em nossos países, ou porque podem recorrer aos melhores advogados, ou porque podem seguir seu curso durante anos, evitando também aquelas impropriedades de linguagem que às vezes comprometem a causa dos mais pobres.

A razão mais importante que, à luz do evangelho, leva a questionar o sistema dos tribunais eclesiásticos, está no fato de uma eventual declaração de nulidade consentir o acesso a um novo casamento sem que haja qualquer forma de arrependimento ou de conversão pessoal. Por exemplo, quem conseguiu uma declaração de nulidade alegando que, ao celebrar o casamento na Igreja, não assumiu o compromisso de fidelidade, ou que, mesmo sem o outro o saber, excluíra a aceitação de filhos, reconhecendo assim ter tido um comportamento gravemente pecaminoso e até sacrílego, pode (em princípio e a menos que o tribunal tenha imposto cláusulas especiais) celebrar novo casamento na Igreja, sem passar por um sério processo penitencial que o ajude a compreender todo o mal que pode ter causado à pessoa que enganou no momento do casamento, aos familiares, aos eventuais filhos. Só o recurso a um sistema penitencial, como o que propomos mais abaixo, possibilitaria iniciar um processo de real conversão, verificar se existe um compromisso sério quanto à nova união, evitando que também essa possa ser malsucedida, e fazer que haja o compromisso de cumprir todos os deveres materiais e morais que possam existir em consequência da união anterior, ainda que ela tenha sido apenas aparente.

Segunda parte

**O primeiro milênio.
Monogamia e readmissão à Eucaristia de quem vive num segundo matrimônio**

A volta ao primeiro milênio, ponto referencial comum para todas as Igrejas cristãs

A beleza humana e cristã de um matrimônio monogâmico perde grande parte de seu fascínio aos olhos de nossos contemporâneos porque, às vezes, defendem-se com matrimônios situações que, com toda evidência, não são "o que Deus uniu". Quem valoriza o matrimônio indissolúvel e quem recebeu a graça de o poder viver não pode ignorar que esse dom não é concedido a todos, e que a Igreja, depois de ter sido chamada a pregar a indissolubilidade do casamento, deve também manifestar a misericórdia do Senhor em relação àqueles que, com culpa ou não, foram malsucedidos em seu projeto de vida e, por isso, já tiveram de passar por momentos de indizíveis sofrimentos.

1. A necessidade de uma reforma também na Igreja católica

"... as instituições, as leis e a maneira de pensar e de sentir herdadas do passado nem sempre parecem adaptadas à situação atual; e daqui provém uma grave perturbação no comportamento e até nas próprias normas de ação" (GS 7). Pode-se perguntar se essa constatação do Vaticano II não exige, da comunidade cristã, um esforço sincero de reflexão, e uma séria revisão de suas normativas, também no tocante ao tema de que nos ocupamos.

Essa disponibilidade para reforma é um elemento essencial no caminho ecumênico, como afirma o mesmo Vaticano II. "Cristo chama a Igreja peregrina à uma perene reforma, da própria Igreja, pois enquanto instituição humana e terrena, tem sempre tal necessidade, a ponto de que se algumas coisas foram menos cuidadosamente observadas – em razão de circunstâncias especiais, costumes ou disciplina eclesiástica ou as formas de exposição da doutrina – que deve ser cuidadosamente distinguida do mesmo depósito da fé – sejam restauradas, retas e devidamente, no tempo oportuno" (UR 6).

Essa renovação da disciplina eclesiástica segundo as exigências da pastoral e do ecumenismo deve realizar-se principalmente mediante um confronto contínuo com o evangelho e os "sinais do tempo".

Também na Igreja só uma opinião pública responsável e consciente poderá levar a autênticas renovações na Igreja católica, renovações exigidas pelo Vaticano II, etapas obrigatórias no caminho para o restabelecimento da plena comunhão entre todas as Igrejas cristãs. É verdade que no caminho ecumênico todos são chamados a se reformar, os outros cristãos como os católicos, mas este é um setor no qual se espera uma reforma principalmente na Igreja Católica, por todas as razões que expusemos. Pois, se há um campo no qual se pede à Igreja católica que tenha a coragem e a humildade para realizar uma reforma, e no qual essa reforma seria acolhida favoravelmente pelo conjunto do povo cristão, é exatamente esse do comportamento que se deve ter com pessoas que tiveram de enfrentar a crise de seu casamento.

2. *Uma reforma de acordo com a Escritura e com a praxe do primeiro milênio*

Os ensinamentos da Escritura, recordados nos primeiros capítulos, foram interpretados adaptados e traduzidos em prática na vida concreta da Igreja. Isso aconteceu sobretudo durante o primeiro milênio, período no qual a comunidade cristã parecia ainda viver a comunhão, mesmo apresentando muitas diversidades legítimas. A volta à disciplina do primeiro milênio, partilhado pelas Igrejas do oriente e do ocidente, pode oferecer soluções pastorais mais próximas do evangelho, para as quais poderiam olhar com atenção também as outras Igrejas cristãs, que nesse campo oferecem a seus fiéis soluções diversas das propostas pela Igreja católica.

Como lembramos acima (2.3.), a Igreja católica antiga conhecia duas espécies diferentes de ruptura da união conjugal, às quais se davam duas soluções diferentes.

No caso de infidelidade da mulher, a partir dos incisos de Mateus 5,32 e 19,9, que eram interpretados como concedendo ao marido de uma mulher infiel o direito de a repudiar e casar-se novamente, a Igreja dos primeiros séculos julgava que o marido tivesse não apenas o direito, mas quase o dever de despedir a mulher infiel, podendo, portanto, casar-se de novo, sem passar por nenhuma forma de penitência. Essa solução, conservada substancialmente no Oriente, foi abandonada no Ocidente depois da época de Agostinho, devido a discriminação que, conforme à mentalidade da época, se fazia contra a mulher (a partir de uma interpretação literal de 1Cor 7,10-11 e Rm 7,2-3). Talvez essa solução pudesse ser retomada hoje, contanto que a concessão de um novo casamento valesse tanto para o homem como para a mulher.

Em todos os outros casos a Igreja dos primeiros séculos excluía da comunhão e submetia à penitência quem tivesse posto fim a sua união conjugal, e tivesse assumido nova união, bem como quem tivesse esposado uma pessoa divorciada ou repudiada. Quem se comportava desse modo era considerado culpado do pecado de adultério, segundo a expressão do evangelho que já mencionamos, pecado que era justamente considerado de particular gravidade, tanto que era igualado aos pecados de apostasia e de homicídio, como "pecado que leva à morte". Os rigoristas, principalmente os rigoristas novacianos, excluíam a possibilidade de reconciliação, a não ser no leito de morte, para os responsáveis desses três pecados maiores. A "grande Igreja", pelo contrário, julgava que tinha o poder de absolver esses pecados, depois de um período de penitência pública. Para ela estava em causa o reconhecimento do poder que Cristo lhe concedera de absolver todos os pecados, poder do qual fora tomando consciência aos poucos como sendo uma "segunda tábua de salvação" depois do batismo. O Senhor Jesus tinha condenado esse comportamento qualificando-o de "adultério", mas de nenhum modo se percebe no evangelho que esse pecado não pudesse ser perdoado.

3. A importância do cânon 8 de Niceia

A afirmação que acabamos de fazer é profundamente inovadora diante da convicção atualmente corrente na consciência eclesial. Por isso, devido às enormes consequências que dela se possam tirar no plano pastoral e no ecumênico, é preciso que ela seja demonstrada mediante um estudo cuidadoso das fontes a nossa disposição. Entre essas fontes nós nos limitaremos, por simplicidade e pela autoridade que ela apresenta, a examinar o cânon 8 do Concílio de Niceia, do ano 325, remetendo aos estudos indicados na bibliografia os interessados em conhecer todos os testemunhos da época patrística a respeito.

Sendo difícil interpretar corretamente o enorme número e a notável variedade dos documentos da Igreja primitiva que temos sobre o problema do matrimônio e das segundas núpcias, o cânon 8 de Niceia é um ponto de referência claro e solidíssimo. Foi promulgado por um Concílio cuja autoridade é reconhecida praticamente por todos os cristãos, que foi em todo caso o primeiro e talvez o mais decisivo na história da Igreja. Faz parte de uma tradição antiquíssima, mais explicitamente formulada no final do quinto século, e reafirmada continuamente através dos séculos até agora, que há uma hierarquia entre os Concílios. Segundo essa tradição, os Concílios locais são menos importante que os Concílios gerais, e estes têm como norma fundamental os quatro primeiros Concílios, que "ocupam o primeiro lugar depois dos evangelhos" (Congar); e mais: que o Concílio de Niceia tem entre todos um lugar especialíssimo, tendo ele formulado as bases absolutas da fé.

O cânon 8 do primeiro Concílio de Niceia

O cânon 8 do Concílio de Niceia, na sua primeira parte, a única que aqui nos interessa, pode ser assim traduzido:

VIII – Dos que se denominam cátaroi
Quanto aos que se definem a si mesmos como cátaroi (isto é: os puros), se quiserem entrar na comunhão da Igreja católica e apostólica, pareceu bem ao santo e grande Concílio que eles, tendo recebido a imposição das mãos, possam continuar no clero. Contudo, antes de mais nada, é preciso que declarem abertamente, por escrito, que aceitam os ensinamentos (dogmas) da Igreja católica e os seguem, isto é, de ter comunhão (estar em comunhão, admitir à comunhão: koinonein) com quem se casou pela segunda vez (digamois) e com quem fraquejou na perseguição, aos quais, porém, foi marcado o tempo (da penitência) e chegou o momento (da reconciliação). Eles deverão, pois, seguir em tudo os ensinamentos da Igreja católica e apostólica...

Hoje não se questiona a autenticidade desse cânon, o que se comprova por sua inclusão em todas as coleções de cânones dos antigos Concílios. Ele foi promulgado para regular a situação dos cátaros, isto é dos "puros" (termo que na época qualificava os novacianos), aliás mais precisamente a situação do clero novaciano, que queria ser (re)admitido no clero da grande Igreja, a Igreja católica e apostólica, como se vê na continuação do cânon que fala de bispos e presbíteros. Eles podem ser acolhidos no clero da Igreja católica, depois da imposição das mãos, contanto que aceitem por escrito e sigam teórica e praticamente seus ensinamentos. O único "dogma" que devem subscrever é o que está no centro da controvérsia novaciana: devem aceitar fazer o que faz a Igreja católica, isto é, que tenham comunhão (ou que admitam na sua comunhão, seja na vida cristã geral, seja especificamente na Eucaristia) com duas categorias de pessoas, uma vez que completaram o tempo da penitência pública e chegou o momento de sua reconciliação. Essas duas categorias de pessoas são os que vivem num segundo casamento (*digamoi*) e os que fraquejaram na perseguição (os chamados *lapsi*).

Para entender mais o contexto em que o cânon foi publicado, podemos lembrar que os cristãos tinham obtido havia poucos anos a liberdade de professar sua fé, mas também que essa decisão foi tomada muito provavelmente com a intensão de consolidar, com a colaboração dos cristãos, a unidade do Império Romano que estava em grave perigo. Para que se conseguisse esse objetivo era preciso que os cristãos estivessem unidos entre si. Quando essa unidade foi posta em perigo pelas afirmações de Ario, o imperador não hesitou em convocar, de acordo com os responsáveis pela Igreja, um Concílio, o de Niceia, depois do qual houve uma série de determinações legislativas. Na verdade, começam nesse tempo também as intervenções imperiais que condenavam e perseguiam os hereges e os cismáticos, privando-os dos privilégios concedidos aos católicos (Constituição de 1º de setembro de 326, conservada no *Códice Teodosiano*, XVI,5,1). Nesse contexto histórico compreende-se que o clero novaciano desejasse ser readmitido na grande Igreja, desejo que devia ser tão conhecido que levou o Concílio a regularizar a questão com um cânon especial. Os novacianos, provavelmente também devido a esse cânon 8 de Niceia, puderam contar com a benevolência imperial, expressa em uma constituição publicada em Spoleto, em 25 de setembro de 326, que excluía os novacianos das medidas tomadas contra os hereges, e permitia-lhes conservar suas igrejas, casas, sepulturas, tolerando assim a sobrevivência da seita e o exercício de seu culto (*Códice Teodosiano, XVI,5,2*).

1. Quem são os dígamos de que fala o cânon 8 de Niceia? Viúvos recasados, divorciados recasados, ou uns e outros?

Os Padres do Concílio de Niceia julgavam, pois, que os erros dos novacianos, que eles deviam abandonar, reduziam-se apenas a este ponto: a recusa de aceitar a comunhão com aqueles que viviam em segundas núpcias e com aqueles que tinham apostatado por ocasião das perseguições, e de admiti-los à comunhão eucarística, mesmo se tinham passado pela penitência pública, pois que eles, os novacianos, não aceitavam que essas duas categorias de pessoas pudessem receber a reconciliação a não ser no leito de morte. A praxe, porém, da grande Igreja, pressuposta pelo Concílio de Niceia e testemunhada pelo cânon 8, era de admiti-los à penitência e à reconciliação, e depois também à comunhão eucarística. Os novacianos deviam aceitar, por escrito, essa praxe.

Quem são esses *digamoi*, essas pessoas que assumiram um segundo casamento, que vivem em segundas núpcias? São os viúvos recasados, segundo a interpretação que se tornou comum na Igreja latina a partir da época medieval, ou são todos aqueles que contraíram um segundo casamento (sejam viúvos ou divorciados, e talvez principalmente estes), ou se casaram com uma pessoa já unida com outra num casamento anterior?

Ainda que o termo *dígamos* tenha sido usado quase incidentalmente, pois que o interesse central do cânon é a manutenção ou a readmissão do clero novaciano no ministério da Igreja católica, ele tem importância extraordinária. Pois o Concílio supõe que seja bem conhecido o ensinamento da Igreja católica, que admite os *dígamos* à penitência e, portanto, à comunhão, e exige que esse ensinamento seja reconhecido e aceito também pelos novacianos.

Para permitir que se compreenda mais as afirmações do Concílio, nossa interpretação será apresentada em três momentos.

O primeiro momento é de interpretação filológica, e nele indagaremos que sentido devia ter o termo grego *digamos* também na Igreja e nos documentos cristãos do tempo (5.2.).

O segundo momento será de interpretação histórica, que nos levará a pesquisar qual era o erro específico dos novacianos a que o Concílio queria opor-se, e ao qual eles deviam renunciar. A delicadeza da questão obriga-nos a organizar este momento dando resposta sucessivamente a três perguntas, concatenadas logicamente entre si, mas levantadas principalmente pelas diferenças existentes entre a praxe da Igreja católica dos primeiros tempos e a da Igreja católica atual (5.3 a 5.5).

Finalmente, num terceiro momento, que desenvolveremos no próximo capítulo, faremos uma interpretação dogmática do cânon 8 do Concílio de Niceia: esse ensinamento do Concílio interpela nossa fé ainda hoje? Que significa para nós sua convicção que a Igreja recebeu o poder de absolver qualquer gênero de pecado, incluindo os pecados de apostasia e de "digamia"?

2. Interpretação filológica: *dígamos são aqueles que vivem em segundas núpcias*

O termo *dígamos* é um termo composto *dí-gamos*. A partícula *di* em grego indica repetição: duas vezes, segunda vez. Muito frequente no grego, ela passou para as línguas modernas com o mesmo sentido. O termo *gamos* refere-se a casamento. Literalmente, portanto, *digamos* aplica-se a quem contraiu um segundo casamento, como dizem todos os grandes dicionários da língua grega.

Sendo que no direito romano e no contexto social da época a poligamia simultânea não era possível, o termo pode referir-se apenas a dois matrimônios sucessivos. O termo *digamoi* indica, pois, pessoas que se casaram duas vezes, sem que dele se possa concluir, do ponto de vista filológico, uma distinção entre quem se casou depois da morte do cônjuge, ou depois de um divórcio ou repúdio, tanto mais que, no mundo pagão antigo, não se fazia distinção entre os que se encontravam nessas duas situações. O segundo casamento em ambos os casos era considerado do mesmo modo, tanto no direito como nos costumes, e os mesmos termos jurídicos eram aplicados. Quanto ao casamento, de fato se podia fazer certa distinção somente entre os que se casavam pela primeira vez e os que se recasavam. Nesse último caso, excluíam-se certas solenidades (que em geral se referiam à perda da virgindade da mulher); mas não havia distinção entre viúvos e divorciados. A mesma significação geral conservou-se também no léxico cristão: Lampe (*A Patristic Greek Lexicon*, Oxford 1961, 364), que nos apresenta o sentido de cada palavra na linguagem dos Padres da Igreja, quanto aos três termos *digameo*, *digamia* e *digamos*, diz simplesmente: "*marry a second time*"; "*second marriage*"; "*twice married*".

Em ambiente cristão, esses termos indicavam os que não tinham sido fiéis ao ideal cristão da monogamia absoluta, pregada tão insistentemente na Igreja primitiva, e viviam em um segundo casamento. Os Padres que se opunham à digamia não faziam distinção entre viúvos e divorciados recasados, e nas fontes não há indícios que levem a reservar esse termo para uma ou outra categoria de pessoas. Contraprova disso temos no fato que os "dígamos" eram excluídos da ordenação ao ministério, e essa exclusão por digamia atingia tanto os viúvos quanto os divorciados recasados, ou os solteiros casados com uma repudiada (Cereti 1977, 280-284).

Concluindo: no campo filológico, a interpretação que se impôs no Ocidente nos últimos séculos, segundo a qual o termo dígamos indicaria, no mundo cristão, apenas os viúvos recasados, não encontra justificação nas fontes. Portanto, é preciso concluir que o sentido do cânon de Niceia, tal como o temos, exige dos novacianos que querem voltar à comunhão com a Igreja Católica, e do seu clero que quer continuar no ministério, que aceitem por escrito submeter-se ao ensinamento da grande Igreja, ou seja, que aceitem na comunhão eucarística aqueles que tinham apostatado durante as perseguições e os que viviam em um segundo matrimônio (sem fazer distinção entre segundo casamento depois da morte do cônjuge e segundas núpcias depois de um divórcio) e se tinham submetido à penitência, depois da qual tinham recebido a reconciliação e a readmissão à comunhão.

3. Interpretação histórica: "os dígamos"

Passando da interpretação filológica à histórica, para entender o que o Concílio de Niceia queria dizer ao falar de "dígamos", é preciso conhecer precisamente o erro ao qual o Concilio queria opor a doutrina católica; neste caso, qual era o erro dos novacianos.

Novaciano, presbítero eminente e de prestígio na Igreja de Roma, autor de um notável tratado sobre a Trindade, era pessoalmente inclinado ao rigorismo. Durante a vacância da sé episcopal, entre o martírio do papa Fabiano (20 de janeiro de 250) e a eleição do papa Cornélio (primavera de 251) ele exerceu forte influência na igreja romana, opondo-se à reconciliação dos *lapsi*, isto é, dos que tinham abjurado a fé cristã durante a perseguição de Décio (249-250). Depois da eleição de Cornélio, entrou em conflito com o recém-eleito, e foi condenado em maio de 251, em um Sínodo ("que constava de sessenta bispos e um número ainda maior de padres e diáconos"), que confirmou a possibilidade de perdão e reconciliação para os *lapsi* após a penitência, como atesta Eusébio (*História Eclesiástica* VI, 43,2, in SChr 41,153). Apoiado por uma parte do clero, fez-se consagrar bispo e formou comunidades que se espalharam em Roma e nas Igrejas orientais: o cânon 8 de Niceia parece supor que, em certas regiões, houvesse cidades ou vilas nas quais havia apenas igrejas dessa seita.

Ainda que inicialmente Novaciano rejeitasse apenas a reconciliação dos apóstatas na perseguição, quase imediatamente, segundo testemunhos antigos, essa rejeição estendeu-se também ao adultério. Segundo o *Sinassário árabe jacobita*, mais tardio, mas que parece conter preciosos testemunhos da época, já no Sínodo de 251 Novaciano excluía da reconciliação os apóstatas e os adúlteros (Cereti 1977, 291-294). No *De Bono Pudicitiae* (VI, 5-7, in CCL 4,118) o mesmo Novaciano cita o adultério com um dos pecados graves que não podem ser perdoados. A recusa de perdão atingia todos os pecados "que levam à morte": na terceira carta de Paciano de Barcelona a Semproniano (in S Chr 410, 206-207) é citado um escrito dos novacianos que nega à Igreja a faculdade de absolver os pecados graves cometidos depois do batismo. Os responsáveis por esses pecados eram exortados à conversão e à penitência, mas não podiam ser reconciliados e eram confiados à misericórdia de Deus. Esses pecados incluíam, além da apostasia e do adultério, também o homicídio, ainda que na controvérsia novaciana o homicídio, segundo as fontes felizmente desconhecidas na comunidade cristã, fosse citado muito raramente. Por isso, nos testemunhos dos séculos III e IV (Atanásio, Ambrósio, o anônimo Contra Novacianum, Jerônimo, e outros) fala-se sempre de dois peados, o de apostasia na perseguição e o de adultério (Cereti 1977, 300-304). O termo adultério, porém, como já se disse, nessa época era usado com duplo significado: infidelidade ocasional ao cônjuge, principalmente por parte da mulher casada, que feria o "direito de propriedade" do marido e que, em todo caso, pelo testemunho de Epifânio parece que não era o pecado considerado irremissível pelos novacianos (*Adversus Haereses* 59,7, in PG 41, 1029), e o pecado que mais propriamente é denominado adultério no evangelho que, como lembramos, define como adúlteros tanto os que assumem um segundo casamento depois de ter repudiado sua mulher (Lc 16,18; Mc 10,11; Mt 19,9), como a mulher repudiada que o repúdio obrigava a contrair novo casamento (Mt 5,32), bem como quem a desposava (Lc 16,18; Mt 5,32).

Esse modo de falar dos evangelhos foi mantido na Igreja primitiva, na qual se definia como adultério o segundo casamento, contraído segundo a lei civil, em todos os casos mencionados pelo evangelho, e só excepcionalmente no caso de um novo matrimônio depois da morte do cônjuge. Na verdade, o termo adultério parece aplicar-se ao casamento depois da morte do cônjuge só em Atenágoras (*Súplica em favor dos cristãos 33, em SCh 379, 198-199*), que fala nesse caso de "adultério decente" e "adultério disfarçado", e nos escritos de Tertuliano montanista. Pelo contrário, os novacianos aplicam o termo do mesmo modo que os evangelhos e a Igreja primitiva. E na controvérsia novaciana, em um grande número de casos, os termos adultério e adúltero são usados para indicar os que hoje chamaríamos de divorciados recasados (veja acima 2.4). Só em testemunhos bem posteriores, entre os quais está especialmente uma homilia de Gregório Nazianzeno de 381 (39,18, in PG 36,357), o termo é aplicado ao segundo casamento depois da morte do cônjuge, e esse único testemunho explica como foi possível dar uma interpretação errada à norma do Concílio de Niceia, como se ela se referisse apenas aos viúvos recasados e não aos divorciados recasados, como é evidente em todos os textos anteriores ou contemporâneos a Niceia.

Portanto, se em todos os testemunhos da controvérsia novaciana encontramos sempre a dupla inseparável "apostasia e adultério", é lógico concluir que na nova dupla que surge "apóstatas e dígamos", do cânon 8 de Niceia, essa segunda categoria se refira ao adultério, entendido no sentido forte que lhe dá o evangelho.

4. O Concílio de Niceia: possibilidade de absolvição para os apóstatas e dígamos

O Concílio de Niceia permite que o clero novaciano possa ser reintegrado no clero da Igreja católica, reconhecendo que a doutrina novaciana é substancialmente ortodoxa, e querendo assumir uma atitude de benevolência para com os novacianos. Pede, porém, que previamente e por escrito eles se submetam ao ensinamento da Igreja católica, declarando reconhecer que a Igreja tem o poder de reconciliar também os responsáveis dos pecados mais graves: os que fraquejaram na perseguição e os que vivem num segundo casamento.

Não estamos diante de um ensinamento novo, ou de uma nova norma criada pelo Concílio: o cânon 8 pede que os novacianos aceitem e sigam a praxe da grande Igreja, tendo-a como bem conhecida e universalmente difundida.

Isso significa que o ensinamento do Novo Testamento, que define como adultério o pecado de quem abandona uma primeira união e assume outra, não significava para os cristãos daqueles séculos que a segunda união devesse ser considerada inválida (conceito totalmente alheio à mentalidade da época) nem que esse comportamento não pudesse ser perdoado.

Ao longo dos mesmos séculos amadurecera, de fato, uma gradual tomada de consciência quanto ao poder dado à Igreja de perdoar os pecados cometidos depois do batismo: a comunidade cristã pode, em nome de Cristo, oferecer aos pecadores "uma segunda taboa de salvação".

Ora, ainda que seja verdade que as origens da regulamentação penitencial e sua evolução ainda hoje não sejam perfeitamente conhecidas, e que a praxe devia variar bastante de uma Igreja local a outra, e de uma época a outra, contudo geralmente se admite que, na época do Concílio de Niceia, a penitência era pública e não reiterável, e que, pela reconciliação com a Igreja, realizada pela intermediação dos bispos, se queria afirmar que o penitente se reconciliava com Deus graças ao poder de ligar e desligar confiado à Igreja, e à vontade misericordiosa de Deus que quer perdoar ao pecador. O rigor dos montanistas e em particular de Tertuliano parecia excluir qualquer possibilidade de absolvição para os pecados mais graves, mas ao mesmo tempo, com sua polêmica contra a praxe da grande Igreja, constituem o melhor testemunho do fato que a Igreja católica absolvia esses pecados. Isso nos é confirmado pela Disdascalia (II,21-24) que atesta que a Igreja tem o poder de perdoar qualquer pecado, e até a convida explicitamente a praticar esse perdão.

Talvez, tendo por base o testemunho de Cipriano (Epist. 55, 20-21, ed CUF II, 144), poderíamos concluir que ao redor da metade do século terceiro existiam na Igreja duas orientações. A primeira, mais rigorista, que se manifestava em comunidades heréticas ou cismáticas, mas que podia encontrar simpatias também no interior da grande Igreja, que excluía a reconciliação dos culpados dos pecados "que levam à morte". A segunda mais misericordiosa que, ao contrário, afirmava que a Igreja podia, em nome de Deus, perdoar ao cristão arrependido também os pecados mais graves dos quais fizesse penitência, e que esse perdão significava reconciliação com a comunidade cristã e também com Deus.

Essas duas orientações continuaram depois na Igreja. E talvez se possa dizer que a primeira mais rigorosa se manifestou no Concílio de Elvira de 314, quanto ao qual, porém, há muitas dúvidas principalmente no que concerne a autenticidade dos cânones. A segunda manifestou-se no Concílio de Niceia de 325, representando a tendência mais misericordiosa que, devido a sua maior autoridade, exprime melhor a ortodoxia católica, e que se deveria seguir no futuro. Seria interessante um confronto entre as decisões dos dois Concílios, por exemplo a respeito do celibato dos ministros, exigido por Elvira, mas rejeitado por Niceia (Cereti 1977, 337-344). Talvez se possa pensar que o rigorismo manifestado pelos cânones de Elvira seja de algum modo reflexo da disciplina seguida mais tarde pela Igreja do Ocidente, enquanto a Igreja do Oriente refletiu mais fielmente até hoje a doutrina de Niceia.

5. Os divorciados recasados. Novo casamento e Eucaristia

Aos olhos de um católico atual parece, contudo, impensável que a Igreja da época concedesse a absolvição aos "adúlteros", isto é, aos divorciados recasados, sem lhes pedir antes que voltassem ao primeiro casamento, ou ao menos que vivessem na segunda união "como irmão e irmã".

Essa dificuldade nasce de um conhecimento imperfeito da diversidade de mentalidades entre nossa época e a dos primeiros séculos. Para os antigos, o pecado de "adultério" punha fim irreversível à primeira união, e, portanto, a questão era viver bem e fielmente na segunda união. E de fato, durante todos aqueles séculos, não encontramos jamais um testemunho que pareça convite a deixar o novo cônjuge e voltar ao primeiro.

O convite a separar-se do novo cônjuge teria sido possível. Cipriano, por exemplo, convida explicitamente à separação os diáconos que vivem com virgens consagradas, e considera essa separação condição prévia para admissão à penitência e à reconciliação (Ep. 4,4, ed. CUF 1,11). O cânon 2 do Concílio de Neocesareia faz exigência análoga no caso de uma mulher que, seguindo a lei do levirato, casou-se sucessivamente com dois irmãos (Hefele--Leclercq, I, 1, 328; cf. Basílio can. 25). É, portanto, significativo que não encontremos nenhuma exigência desse tipo no caso de divorciados recasados.

De fato, para os cristãos daqueles séculos, uma vez que fora cometido o gravíssimo pecado, contrário à vontade de Deus e que o evangelho chama de adultério – que consistia em faltar ao pacto conjugal para contrair nova união, ou em unir-se a uma pessoa já ligada por um matrimônio – esse pecado devia ser punido com a exclusão da comunidade e a submissão à penitência. Mas esse pecado também acarretava o início de uma nova situação, da qual não parecia fosse possível voltar atrás. Não era apenas o comportamento dos hebreus e dos pagãos, com os quais os cristãos conviviam, que levava nessa direção, ou a impossibilidade prática de romper a nova união, da qual talvez houvesse filhos. Mas havia também os exemplos da Escritura e os ensinamentos que deles se tiravam, que contribuíam para manter os cristãos da época na pacífica convicção que não se devia, ou até não se podia voltar à primeira união.

É esclarecedor o exemplo, tantas vezes citado na controvérsia novaciana, de Davi e Betsabea, que se lê em 2Sm 11-12. Davi tornara-se culpado de um gravíssimo pecado, ou melhor, de um duplo pecado, adultério e homicídio, e devia arrepender-se e fazer penitência. Esse pecado, porém, dera origem a uma nova situação; por isso a reprimenda do profeta Natã não incluía o abandono de Betsabea: feita a penitência, Davi acolheu-a como esposa, e dela nasceria o continuador da dinastia davídica, o rei Salomão.

Até mesmo o incestuoso de Corinto, "ímpio herdeiro do matrimônio do pai", como diz Tertuliano (que porém se opõe a esta interpretação: *De Pudicitia* 13, 11, in SChr 394, 206-207), os antigos achavam que tinha sido absolvido por Paulo, e parecia-lhes pacífico que ele, depois do perdão, conservou como esposa a mesma mulher. As passagens paulinas são 1Cor 5,5; 2Cor 2,7-8. A interpretação esse sentido nós encontramos em Ambrósio (*De paenitentia* I, 17,92-96, in SCh 179,126-131) e Paciano de Barcelona (Epist. III contra *Tractatus Novatianorum*, 18, in SCh 410,250-251). Veja-se também Gregório Nazianzeno (Homilia 39,18, in PG 36,357).

Tudo isso explica-se principalmente com a passagem já mencionada de Dt 24,1-4, que é um convite explícito a não repudiar a esposa, com a ameaça de nunca mais poder tê-la de volta. Com isso é proibido ao marido reaver a mulher repudiada, depois que se casou novamente, ainda que se torne novamente livre por um novo repudio ou pela morte do segundo marido. Pois bem, essa norma considerava-se vinculante também na Igreja primitiva, conforme o testemunho de diversos Padres. Podemos citar Jerônimo (Epistola 55 ad Amanda, in CSEL 54,495); Orígenes (Comment. In Math. XIV 21-22, in PG 13, 1240-1244); Cirilo de Alexandria (Sobre adoração e culto em espírito e verdade, VIII, in PG 68,584). Só em época mais tardia, posterior ao Concílio de Niceia, aos poucos a comunidade cristã irá conhecer uma evolução na praxe, a partir do Ocidente e de uma interpretação mais rigorosa e literal de Rm 7,2-3 e 1Cor 7,11.39-40, que limitará muito a possibilidade de a mulher contrair uma segunda união enquanto o marido estiver vivo.

O perene valor doutrinal do cânon 8 de Niceia

As decisões do Concílio de Niceia não são decisões sem valor para a Igreja de hoje. Já se disse acima que o Concílio de Niceia constitui um ponto de referência essencial para a fé da comunidade cristã. Os sete Concílios ecumênicos, reconhecidos como tais pelos cristãos do oriente e do ocidente, e suas decisões têm um valor particular porque aconteceram na época da Igreja sem divisão, e para eles se apela frequentemente em ambas as Igreja. Entre esses Concílios, têm uma importância especial os quatro primeiros, e entre todos o Concílio de Niceia tem uma autoridade muito particular (Congar, 108).

A Comissão Teológica Internacional, nas suas teses sobre a *Unidade da fé e pluralismo teológico* (1972), recordou-nos que "a ortodoxia não consiste no consenso em torno de um sistema, mas na participação no progredir da fé e no eu da Igreja, que permanece una através do tempo, e que é o verdadeiro sujeito do Credo" (tese 4), e reafirmou na tese 7 que "o critério que permite distinguir entre o verdadeiro e o falso pluralismo é a fé da Igreja, expressa no conjunto orgânico de seus enunciados normativos", e que entre esses enunciados têm prioridade os que provém daqueles antigos Concílios. Na tese 10 reafirma-se solenemente a perene validade das afirmações dogmáticas (cf. EV, 4, 1801-1815).

1. A Igreja recebeu de Cristo o poder de absolver todos os pecados

O ensinamento do cânon de Niceia sobre a obrigação que o cristão tem de reconhecer à Igreja o poder de perdoar qualquer pecado, uma vez que o pecador se mostrou arrependido e fez penitência, também o pecado de ter faltado contra o pacto conjugal e ter entrado de maneira irreversível numa segunda união, continua plenamente válido também para a Igreja católica de hoje. O erro dos novacianos consistia em não querer reconhecer à Igreja o poder de absolver todos os pecados, também "os que levam à morte". Esse é, conforme o cânon 8 de Niceia, o único ponto de contraste entre a Igreja católica e a novaciana. Foi exatamente diante dessa negação que a Igreja católica tomou consciência mais clara do poder das chaves que lhe foi confiado. Como sempre, a doutrina católica se explicita e precisa ao ser impugnada por hereges e ou outros contestadores. Assim, por exemplo, o que até a metade do século III era considerado simples fato disciplinar, em relação ao qual se admitia um legítimo pluralismo na Igreja, e a respeito do qual os bispos podiam assumir comportamento diferente sem romper a comunhão (Cipriano, Epist. 55, 20-21, sopra 5.4), torna-se, a partir da tomada de posição de Novaciano e dos seus, um grave problema doutrinal: a Igreja tem ou não tem o poder de perdoar qualquer pecado? O Concílio de Niceia respondeu afirmativamente pedindo, portanto, aos novacianos que mantivessem comunhão também com aqueles que tinham sido absolvido de tais pecados, mostrando assim que partilhavam da fé da "Igreja católica e apostólica" quanto ao poder por ela recebido de perdoar, em nome de Deus, todos os pecados, e de permitir assim ao pecador arrependido recomeçar novamente seu caminho.

Sobre esse ponto insistirá Ambrósio no seu *De Paenitentia*, numa passagem em que se pede que os novacianos reconheçam o poder dado à Igreja de perdoar todos os pecados (*De Paenitentia* I, 6-7; I 33, in SChr, ed. R. Gryson, Paris Cerf 1971, Introduzione I, *La réfutation du novatianisme par St.Ambroise*, pp. 18-30. A referência é a Paulo 1Cor 4, 21-5,13; 2Cor 2,10).

Esse poder de perdoar os pecados fora anunciado pelos profetas. "... porque eu perdoarei sua iniquidade e não me recordarei mais de seu pecado" (Jr 31,34). "... tirarei de seu peito o coração de pedra e lhes darei um coração de carne" (Ez 11,19). Nenhum pecado é irremediavelmente sem perdão, porque "nada nos pode separar do amor de Deus, em Cristo Jesus nosso Senhor" (Rm 8,38).

2. Fundamento teológico para uma nova praxe penitencial

Na Igreja católica atual, subterraneamente mas também amplamente, difundiu-se a praxe de, sob certas condições, conceber a reconciliação também aos divorciados recasados. Mas, a interpretação dada ao cânon 8 de Niceia permite apresentar um fundamento de fé para uma praxe penitencial que até agora não parecia ter suficiente base doutrinal. A reinterpretação do termo adultério, entendido segundo a linguagem do evangelho como o pecado cometido quando se viola o pacto conjugal e se inicia de forma irreversível uma nova união, pecado cometido no passado e que pode ser absolvido, essa reinterpretação permite pensar que, uma vez perdoado esse pecado, a nova união poderá ser vivida em sua plenitude, já sem o medo de cometer um pecado cada vez que os novos cônjuges se unem.

A prática, muito difundida e também aprovada por muitos bispos, de deixar para a consciência de quem está nessa situação decidir quanto à participação na Eucaristia, é certamente digna de consideração pelo fato de respeitar e valorizar a consciência pessoal, mas parece sobrecarregar demais a consciência de cada fiel, ao passo que a solução aqui proposta é muito menos individualista e mais eclesial. A criação de um sistema penitencial – análogo àquele da Igreja primitiva e presente atualmente em outras Igrejas cristãs, que possa ajudar os esposos a tomar consciência do pecado cometido ao violar o pacto conjugal, e levá-los a uma atitude de conversão – levaria os cônjuges a corresponder às exigências do evangelho nessa sua segunda união, e possibilitaria à comunidade cristã um relacionamento mais transparente e convincente com eles, dando-lhes apoio maior em sua caminhada até à plena reconciliação com a Igreja e à Eucaristia.

Esse sistema penitencial tornaria a disciplina sempre mais conforme à natureza da Igreja, chamada a ser anunciadora do projeto de Deus para a pessoa humana, para o matrimônio monogâmico e para a família, mas também chamada a ser dispensadora da misericórdia divina e testemunha da predileção do Pai pelos últimos, pecadores, marginalizados e sofredores.

As respostas oferecidas pelos documentos da Igreja antiga, e particularmente pelo Concílio de Niceia, se forem seriamente levadas em consideração pelos que na Igreja exercem hoje a autoridade, consentiriam passar do atual sistema jurídico a um sistema penitencial mais evangélico, que possibilitaria pôr em prática a misericórdia de Cristo para com aqueles fiéis, pecadores mas sinceramente arrependidos, que querem poder iniciar um novo caminho, procurando viver, pelo menos numa segunda união, o maravilhoso projeto do Senhor para o matrimônio e para a família.

Essa reconciliação incluiria a plena reinserção na comunidade eclesial e na comunidade eucarística, e – ainda que o melhor caminho continue sendo o conselho de renunciar a um novo casamento (Mt 19-12) – novas núpcias às quais, segundo a antiga tradição ainda guardada pelos orientais, celebradas de modo mais humilde e discreto, não deveria faltar certa característica penitencial (como, pelo menos até a reforma do Vaticano II, era celebrado o segundo casamento de viúvas também na Igreja latina).

Terceira Parte
Possibilidade de um recomeço: uma solução evangélica, pastoral, ecumênica

Um caminho penitencial e sua importância pastoral

O matrimônio monogâmico e permanente é sempre o ponto ideal de referência; as comunidades cristãs são convidadas a educar para ele seus fiéis, e todos que abraçam o matrimônio desejam de coração poder realizá-lo. Ele corresponde ao projeto de Deus para o homem e a mulher, um projeto voltado só para o maior bem dos cônjuges, de seus filhos e da sociedade.

Contudo, reconhecemos mais de uma vez que um fracasso é sempre possível. Diante do insucesso de tantos casamentos, geralmente se pede que as comunidades cristãs dediquem um cuidado maior à preparação dos noivos para o passo que vão dar, e que sejam mais rigorosas ao admitir os jovens a um compromisso solene com a celebração de um matrimônio diante da Igreja. Na realidade, a Igreja católica tem dedicado muitos recursos e muitas energias durante os últimos anos na preparação dos jovens para o casamento, e hoje muitas vezes desaconselha aos noivos celebrar seu casamento na Igreja, quando não parecem suficientemente firmes na fé, nem convencidos de seu projeto matrimonial. Portanto os que hoje celebram um casamento religioso estão plenamente cientes das exigências da Igreja e conscientes da riqueza do dom que se fazem mutuamente, e procuram a todo custo manter aceso o fogo de seu recíproco amor. O compromisso por toda a vida que assumem diante de Deus e da comunidade não pode ser considerado uma ficção.

1. O sofrimento que acompanha o insucesso de um casamento

Por maior que possa ser o cuidado da comunidade cristã na preparação dos jovens para o casamento, e por mais sério que seja o esforço e a boa vontade com que os noivos assumem a aliança conjugal celebrando seu casamento na Igreja, a possibilidade de insucesso não está jamais afastada. Diante desses insucessos, e mais ainda quando o pacto conjugal foi rompido unilateralmente, pensamos antes de mais nada no sofrimento dos que viram fracassar seu projeto de vida, ao qual continuam presos e querem reconstruir, mas frequentemente têm de se render diante do fato de terem sido abandonados pelo cônjuge, sem sua culpa e contra sua vontade. Todos já fomos testemunhas desse sofrimento, e sabemos que jamais deve ser subestimado o drama vivido por essas pessoas, por essas famílias e talvez pelos filhos.

A dor e o sofrimento dos filhos, testemunhas inocentes de tantas incompreensões e de tantas separações, que ficam marcados para sempre pelas atribuladas vicissitudes de sua família de origem, provações que de todos os modos gostaríamos que lhes fossem poupadas, constituem outro motivo de sofrimento que deve ser assumido pela comunidade cristã de forma responsável e eficaz.

Finalmente não podemos avaliar superficialmente o sofrimento que uma separação ou um divórcio traz para as famílias, mesmo para as pessoas menos envolvidas diretamente. Muitas vezes, depois de um casamento criaram-se boas relações transversais entre diversas gerações, ou com os cunhados, primos e outros parentes; relações destinadas a terminar na amargura e na sensação de traição e abandono por parte de pessoas nas quais se colocara plena confiança.

Todo esse sofrimento poderia ser incluído num caminho penitencial, que leve não só à conversão de coração de quem falhou, mas também traga paz e serenidade aos que foram envolvidos ou arrastados pelo insucesso. Tendo feito todo o possível para a proteção do casamento e da união familiar, a Igreja é chamada a mostrar-se infinitamente misericordiosa e solícita com todas essas pessoas, interpretando a misericórdia e a compaixão de Deus por todos os seus filhos, levando em conta tantos sofrimentos pelos quais passaram. Uma resposta verdadeiramente evangélica aos sofrimentos de quantos foram envolvidos pelo insucesso de um casamento não pode ser senão uma resposta inspirada na superabundância do amor de Deus, uma resposta que abre para a vida e a esperança.

2. Uma acolhida aberta e cordial

Quando se deu uma ruptura irreversível, a Igreja sabe que, se o sábado foi feito para o homem e não o homem para o sábado (Mc 2,27), também o casamento foi querido por Deus para o bem do homem, e a pessoa não pode ser sacrificada pelo bem do casamento. A pessoa continua sendo sempre o valor supremo e, apesar de todos os insucessos, continua sendo objeto do amor de Deus. Todos que falham em seu projeto de casamento devem continuar a sentir que a comunidade cristã é sua casa e sua família, e são chamados a participar na vida da comunidade, mesmo quando assumiram uma segunda união. Os divorciados recasados "não se considerem separados da Igreja, podendo, e melhor devendo, enquanto batizados, participar na sua vida" (FC 84).

A comunidade cristã, com efeito, é uma comunidade de homens e mulheres que se reconhecem pecadores e necessitados da misericórdia divina, e que por isso deveriam abster-se de julgar os pecados dos outros. O Senhor Jesus mostrou amor e acolhida a todos, principalmente aos pobres e pecadores. À sua imitação, também a Igreja deve mostrar-se sempre acolhedora, mesmo se hoje parece preocupar-se principalmente em proteger do escândalo e do pecado os pequenos e os débeis na fé, porque teme que possam ser levados ao erro por um comportamento da Igreja que parecesse excessivamente indulgente.

Não obstante essa justa preocupação, pensamos que são exatamente os que falharam em seu projeto de vida matrimonial, principalmente se não tiveram culpa, que podem esperar uma acolhida cheia de doçura e de compreensão por parte da comunidade, acolhida que lhes permita assumir em seu interior posições de serviço e até de responsabilidade, não os excluindo a não ser do que parecer estritamente incompatível com sua nova situação.

3. O recurso aos tribunais eclesiásticos

Ainda que a Igreja acolha o mais generosamente possível os divorciados recasados, resta ainda hoje a dificuldade de os acolher à comunhão eucarística.

Essa exclusão é, em nossa época, fonte de um sofrimento maior do que poderia haver nas gerações passadas; não tanto porque até poucos decênios o povo cristão aproximava-se da Eucaristia poucas vezes durante o ano, enquanto hoje praticamente todos que participam da celebração recebem também a eucaristia, mas principalmente porque houve uma redescoberta e valorização da comunhão eucarística como o momento mais alto de comunhão com Deus e com os irmãos que se possa experimentar na vida da comunidade.

Não pode ser negada a legitimidade e até a necessidade de normas para a admissão à reconciliação e à Eucaristia, que possam levar os cristãos a tomar consciência de sua condição de pecadores. Foi isso que a comunidade eclesial sempre fez, como nos ensina a prática desde a época neotestamentária e as cartas de Paulo, mesmo que se destaque que os indivíduos é que devem ser convidados a se examinar se são dignos de aproximar-se da Eucaristia (1Cor 11,27-32; cf. 1Cor 5,1 ss.).

De qualquer modo, para ter acesso à Eucaristia e aos outros sacramentos, a solução ideal continua sendo naturalmente ainda hoje o recurso ao tribunal eclesiástico, destinado a fazer um discernimento e assim devolver a paz às consciências. O recurso ao tribunal eclesiástico deve ser aconselhado, apesar de todos os limites que já apontamos (3.3), porque algumas uniões, ainda que celebradas solenemente na igreja, são matrimônios puramente aparentes, que de modo algum se tem de manter para sempre. Em alguns casos, mesmo que um dos contraentes tenha assumido o casamento com as melhores intenções, e, portanto, declare não poder recorrer ao tribunal porque, de seu ponto, de vista a união é válida, é preciso humildemente reconhecer que, na maioria das vezes, mesmo esses casamentos não correspondem ao altíssimo conceito que a Igreja tem do matrimônio. Para que a união seja válida, é preciso que haja reta intenção por parte de ambos os noivos, reta intenção que pode faltar em um dos dois, sem que o outro tenha disso consciência ou responsabilidade.

O trabalho feito durante séculos pelos tribunais eclesiásticos foi providencial para se discernir o que Deus de fato uniu; através desses tribunais a Igreja católica exercitou a misericórdia do Senhor para com inúmeras pessoas, que não podiam continuar presas por um casamento inexistente ou fracassado, evitando assim fazê-las infelizes por toda a vida.

4. Passagem para um sistema penitencial. Solução pastoralmente mais válida

Além do recurso ao tribunal eclesiástico, sempre aconselhável pelo menos nos casos de maior evidência de inexistência de matrimônio, a restauração de um sistema penitencial, análogo à prática da Igreja antiga, para todos os casos em que o matrimônio pode ser considerado válido, permitiria resolver muitos problemas pastorais e ecumênicos.

A reintrodução de um sistema penitencial deveria inspirar-se no princípio de equidade e de pastoralidade, que estão na base do direito canônico, e levar em conta não só as conclusões da reflexão teológica mais recente, mas também dos diálogos com as outras Igrejas cristãs e sua prática – que podemos considerar também guiada pelo Espírito – bem como os resultados das pesquisas históricas sobre a disciplina seguida pela Igreja ao longo dos séculos.

Um sistema penitencial permitiria à Igreja conciliar de modo mais adequado sua tarefa de pregar a monogamia e a de anunciar a misericórdia do Senhor, e de comunicá-la através dos sacramentos. Qualquer pecado que tenha sido cometido, o cristão que deseja sinceramente iniciar um novo caminho deve saber que pode confiar nessa misericórdia, também quando levou seu casamento ao fracasso e assumiu uma nova união.

Além do mais, essa possibilidade de reconciliação pelo sacramento da penitência, possivelmente de uma forma pública e solene, ajudaria a redescobrir o valor de um sacramento atualmente muito descuidado e mal conhecido, o sacramento da reconciliação. Os pecados cotidianos e as faltas mais leves podem ser perdoados pela participação na Eucaristia, ou de outras formas. Mas, o submeter ao julgamento do bispo ou do padre esses pecados mais graves para receber a absolvição ajudaria a valorizar e dar nova vitalidade a esse sacramento da reconciliação, inserindo quem faltou contra o sacramento do matrimônio num percurso de conversão e numa reprogramação de sua vida que, com a ajuda de um confessor ou de um diretor espiritual, oriente corretamente toda a existência de um cristão.

A possibilidade de um itinerário penitencial finalmente ajudaria não só a revalorizar o sacramento da penitência, mas também contribuiria à superação de muitos daqueles temores que tantos jovens manifestam diante do compromisso matrimonial, talvez devido também à pretensa rigidez da Igreja e à complicação verdadeira ou imaginada do recurso aos tribunais eclesiásticos. O fato é que nos últimos anos diminuiu muito o número dos casamentos celebrados na igreja, em parte devido a esses motivos; esse número poderia aumentar novamente se a comunidade cristã manifestasse um rosto mais acolhedor e misericordioso, e não houvesse o medo da total impossibilidade de recomeçar no caso de insucesso de um projeto de via.

A escolha de um caminho penitencial e seu valor ecumênico

A restauração de um itinerário penitencial, como esse do qual falamos, teria também um grande significado ecumênico, aproximando a prática da Igreja católica à de outras Igrejas cristãs que, em alguns casos, aliás se mostram fiéis à disciplina da Igreja dos primeiros séculos.

1. A prática das Igrejas ortodoxas

As Igrejas do oriente parecem até hoje substancialmente fiéis à prática da Igreja antiga, como se mostra no Concílio de Niceia. Puderam passar mais fielmente, geração após geração, o que herdaram da Igreja dos primeiros séculos, pelo fato de não terem passado por aquela ruptura acontecida no ocidente com a transmigração dos povos e a dispersão da população nos campos, por razões de pura sobrevivência, como nos séculos da alta Idade Média. Por isso, ainda que em meio a muitas obscuridades e contradições, puderam transmitir através dos séculos uma disciplina que foi sempre respeitada pela Igreja ocidental que, também no Concílio de Trento, reconheceu seu bom fundamento teológico e tradicional.

Ora, a Igreja ortodoxa e a Igreja católica podem ser consideradas porções da única Igreja de Cristo. Elas substancialmente sempre se reconheceram mutuamente, apesar de todos os motivos de controvérsia e de divisão, e conservaram essa consciência de constituir até hoje uma única Igreja.

O Concílio Vaticano II, no terceiro capítulo do decreto sobre o ecumenismo, *Unitatis Redintegratio*, traz uma imagem muitíssimo positiva dessas Igrejas ortodoxas. Depois de reconhecer que são verdadeiras Igrejas, relembra a origem apostólica de algumas e o fato que as "Igrejas do Oriente têm, desde o princípio, um tesouro do qual foi tomado pela Igreja do Ocidente muitas coisas na liturgia, na tradição espiritual e no ordenamento jurídico" (UR 14).

Em seguida o Concílio reconhece que essas Igrejas têm "verdadeiros sacramentos" e que, dada a riqueza e a autenticidade de suas tradições, "o conhecer, venerar, conservar e favorecer o riquíssimo patrimônio litúrgico e espiritual dos orientais é de grande importância para conservar fielmente a plenitude da tradição cristã e para conseguir a reconciliação dos cristãos orientais e ocidentais" (UR 15). Isso vale também para a disciplina jurídica em vigor nas Igrejas Orientais: "As Igrejas do Oriente, além disso, desde os primeiros tempos seguiam disciplinas próprias sancionadas pelos santos Padres e pelos concílios, inclusive ecumênicos" (UR 16). Essa disciplina jurídica tem por base uma visão teológica: também quanto a isso o Concílio não é parco em sua apreciação. "Quanto às autênticas tradições teológicas dos orientais, há que se reconhecer que se radicam de um modo manifesto na Sagrada Escritura, estimulam-se e fortalecem-se com a vida litúrgica, alimentam-se da viva tradição apostólica e dos ensinamentos dos Padres orientais e dos autores eclesiásticos que levam a uma reta ordenação da vida; mais ainda, a uma plena contemplação da verdade cristã" (UR 17). Por isso, conclui o decreto, o "Concílio declara que todo este patrimônio espiritual e litúrgico, disciplinar e teológico, em suas diversas tradições, pertence à plena catolicidade e apostolicidade da Igreja" (UR 17).

Pois bem, a tradição do Oriente cristão guarda uma dupla certeza. Por um lado, afirma que o matrimônio é um sacramento e é absolutamente indissolúvel, segundo o projeto de Deus revelado em Jesus Cristo. Quem se casa sabe que está comprometendo-se a manter fidelidade até à morte, fidelidade que é sinal de um amor autêntico, indispensável para o bem dos filhos e da sociedade, e sobretudo essencial para que o matrimônio possa ser verdadeiramente sinal do amor indefectível de Cristo pela Igreja, e da Igreja por Cristo. Isso se manifesta no rito da celebração do matrimônio, seja nas orações ou na coroação, ou no convite aos esposos que bebam, ao mesmo tempo, do mesmo cálice, que logo depois é despedaçado, para que ninguém mais dele possa beber.

Ao mesmo tempo que essa convicção, existe uma praxe pastoral em virtude da qual a Igreja reconhece a possibilidade de dois esposos serem infiéis a seu pacto nupcial, e em certas condições concede o perdão ao cristão que o rompeu, admitindo-o também a um segundo ou terceiro casamento. Assim a Igreja assume como sua "a infinita compaixão pelo homem daquele Único que tomou sobre si os pecados do mundo" (Shmemann), e reconhece que foi destruído, por gestos que o reduziram a cinzas, um casamento, cuja essência é o amor.

Para justificar essa praxe, a Igreja oriental apela para a *oikonomia*, a possibilidade que a Igreja tem de decidir com condescendência em casos particulares, ou melhor, de pôr em prática a misericórdia do Senhor, quando falharam todos os meios espirituais e sociais para superar uma situação difícil. "A Igreja não pode abandonar o pecador no seu desespero; tem a obrigação de procurar uma saída com o pecador" (Melia).

As causas que justificam que a Igreja reconheça um divórcio civil e conceda depois ao divorciado o perdão e a possibilidade de uma nova união (principalmente para a parte inocente, que não precisa de absolvição nem de uma concessão especial para se casar novamente) são classificadas pela teologia em três categorias: o adultério (Mt 5,32 e 19,9), ao qual se assemelham vários comportamentos desonrosos; a morte (1Cor 7,39), à qual se assemelham a morte civil ou a condenação a pena perpétua, a morte psíquica ou doença incurável, a morte religiosa ou a apostasia da fé, a morte mística ou o ingresso no mosteiro; e finalmente os crimes que excluem do Reino de Deus (1Cor 6,5-10), entre os quais uma série de comportamentos particularmente pecaminosos e nefandos.

Lembra-se muitas vezes que nas Igrejas orientais ortodoxas o segundo casamento parece ter um valor menor que o primeiro, pois sua celebração é precedida por gestos penitenciais e não recebe algumas bênçãos, e por isso, segundo alguns, o valor sacramental das segundas núpcias fica reduzido. Esse conceito de um valor menor das segundas núpcias é tradicional e plenamente compartilhado também na Igreja católica que, como lembramos acima (6.2.), pelo menos até a reforma do Concílio Vaticano II, excluía do segundo casamento de uma viúva a bênção da esposa, e dava a esse casamento um clima quase penitencial.

2. A Comunhão anglicana

Ao se separar da Igreja católica romana, a Comunhão anglicana quis manter-se fiel à doutrina católica tradicional sobre a indissolubilidade do casamento, e isso não obstante os fatos que levaram ao ato de supremacia de 1534. Contudo, ao longo dos séculos a Igreja anglicana sofreu grande influência das posições mais radicais das Igrejas evangélicas do continente, e, optando pela *comprehensiveness*, aceitou diversas orientações, respeitando as decisões das diversas Igrejas locais, sem procurar uma uniformidade absoluta. Depois da metade do século vinte a Comunhão anglicana modificou gradualmente suas posições, admitindo à Eucaristia os divorciados recasados, após sua passagem por uma forma de penitência e de reconciliação, sendo que um primeiro momento se excluía a bênção do segundo casamento. Só muito mais recentemente ela se aproximou da praxe da Igreja oriental. Depois da experiência de uma cerimônia religiosa na igreja, após o segundo casamento diante do oficial civil, pelo menos em algumas províncias passou-se a também abençoar as segundas núpcias, seguindo um rito ao qual não faltam aspectos penitenciais, como todos puderam ver no rito celebrado pelo arcebispo de Canterbury no casamento de Carlos e Camila.

Um importante documento do diálogo anglicano-católico de 1975 sobre "*a teologia do matrimônio e sua aplicação aos casamentos mistos*" (in EO 1, números 181-260) expõe a doutrina comum de anglicanos e católicos quanto à concepção do matrimônio como união perpétua e por si exclusiva, e sua natureza sacramental, examinando depois com grande respeito as divergências na prática quanto aos casamentos malsucedidos. O documento conclui que as diferenças teológicas e pastorais não devem obstar o crescimento de ambas as Igrejas em direção à unidade, e reconhece sua integridade e sua boa-fé nas soluções diferentes que adotaram, ainda que não aceitas pela outra, considerando-as como um aspecto da diversidade na unidade.

Um documento mais recente do mesmo diálogo internacional anglicano-católico (*Vida em Cristo: problemas morais, a comunhão e a Igreja [Life in Christ. Morals, Communion and the Church, Church House Publishing & Catholic Truth Society, London 1994]*) afirma que a Igreja católica baseia seu rigor, quanto aos divorciados recasados, sobre uma compreensão da sacramentalidade, mas também sobre sua convicção que esse rigor protege mais eficazmente a instituição do matrimônio, e parece atender mais ao bem comum da sociedade, enquanto os anglicanos ao contrário preferem dar mais atenção às pessoas, aos seus sofrimentos e a sua situação concreta (n. 75-76, in EO 3, 203-204).

3. *As outras Igrejas e comunidades eclesiais do ocidente*

O ensinamento evangélico sobre o casamento monogâmico foi naturalmente aceito também pelos reformadores, que viram no matrimônio o sinal da aliança entre Cristo e a Igreja, e, portanto, participando da estabilidade indestrutível dessa aliança. Contudo, a partir dos incisos de Mateus (Mt 5,32 e 19,9) julgaram poder conceder a dissolução do matrimônio, já não considerado como sacramento, mas como realidade secular, a cargo principalmente do estado em muitos casos. Lutero e os luteranos em geral admitiam a dissolução em caso de adultério, apostasia ou heresia do cônjuge, abandono malicioso, maus tratos etc. Calvino só o admitia nas duas "exceções" bíblicas contidas nas "cláusulas" de Mateus e em 1Cor 7,12ss. Hoje os evangélicos interpretam o ensinamento de Jesus sobre o casamento monogâmico não tanto como lei, mas como exigência ética absoluta, à qual o cristão corresponde na graça e na liberdade. Portanto, quando um cristão chega à certeza que a união na qual vive não pode ser o que Deus uniu: "é inimaginável continuar uma união que Deus condena". O ideal que parece apresentar-se, para quem sai de uma união matrimonial infeliz, também para a tradição evangélica é não se casar novamente, de acordo com as indicações neotestamentárias. Contudo, o julgamento sobre um novo casamento é deixado à consciência do fiel, que avaliará, segundo as circunstâncias, se é chamado por Deus a uma nova união. E no caso de assumir nova união, a comunidade acolhe sua decisão sem a julgar. De fato, em algumas comunidades existe uma comissão que avalia os vários casos; em outras mais numerosas a decisão é deixada aos indivíduos. Na maioria das vezes, o segundo casamento não tem a mesma solenidade que o primeiro.

Também quanto à relação entre a Igreja católica e as Igrejas luteranas e reformadas existe um documento de 1976, sobre *A teologia do matrimônio e os problemas dos casamentos interconfessionais* (in EO 1, 17581871) que expõe detalhadamente as posições das Igrejas quanto a sacramentalidade e a indissolubilidade. As Igrejas concordam que o matrimônio se baseia no amor, e que como tal é sinal do amor de Deus na aliança. No matrimônio o casal é chamado a continuar unido por toda a vida; as divergências estão no plano da prática pastoral. No documento afirma-se que a fidelidade, pregada pelas Igrejas da Reforma, concilia-se nelas com a esperança que, no caso de insucesso, um novo casamento possa realizar essa unidade segundo o projeto de Deus, que o primeiro não soube conseguir.

Quando um segundo casamento pode ser o que Deus de fato uniu

1. Duas eclesiologias em confronto

A história que percorremos mostra como a comunidade cristã, desde as origens, interpretou, adaptou e traduziu na prática o ensinamento de Jesus, levando sempre em conta o contexto social e cultural em que vivia cada comunidade local. Pregou a monogamia, mas soube admitir à reconciliação e à comunhão os que tinham pecado contra seu matrimônio e assumido nova união, traduzindo assim na prática a misericórdia e a compreensão que o Senhor sempre manifestou para com os pecadores. O que a comunidade cristã fez na época do Novo Testamento e depois continuou a fazer durante os primeiros séculos, com tanta liberdade de espírito e com tanta flexibilidade, ela pode continuar a fazê-lo hoje na docilidade ao Espírito e na fidelidade aos sinais dos tempos, inspirando-se na praxe seguida pela Igreja indivisa, ponto de referência comum, para o qual se voltam de bom grado os cristãos das diversas Igrejas. Duas eclesiologias divergem, como já vimos acontecer no terceiro século, e como continuará a acontecer no decurso de toda a história da Igreja: uma eclesiologia que compreende a Igreja como pequena comunidade de perfeitos e de santos, esposa imaculada do Senhor, e da qual, portanto, devem ser eliminados todos os pecadores; e uma eclesiologia que concebe a Igreja como instituição para a salvação de todos, povo de Deus do qual todos os homens são chamados a fazer parte, também os pecadores. Esta segunda concepção da Igreja supõe que ela recebeu de Deus os meios necessários para a salvação de todos, meios que consistem essencialmente no poder recebido de Cristo de perdoar, em nome de Deus, os pecados de seus membros, mesmo os mais graves, como os três pecados que os antigos diziam "levar à morte".

Ora, se a primeira eclesiologia foi a das seitas e dos grupos que se consideravam formados por cristãos perfeitos, a grande Igreja, em toda a sua história, escolheu o segundo caminho. De fato, hoje na consciência geral dos cristãos, o escândalo é provocado não tanto pelos que pecaram, ainda que contra uma realidade tão santa como o matrimônio monogâmico, quanto por uma rigidez excessiva das instituições eclesiais, consideradas como não suficientemente inspiradas por uma visão evangélica, e não suficientemente compreensivas com os pecadores, não correspondendo de fato à palavra de Jesus, que disse "Vinde a mim, vós todos que estais cansados e oprimidos, e eu vos darei descanso! Tomai sobre vós meu jugo e aprendei comigo, porque sou manso e humilde de coração, e achareis descanso para vossas almas, porque meu jugo é suave e meu peso, leve" (Mt 11,28-30).

Certas exclusões podem escandalizar os fiéis, porque parecem ditadas mais por considerações decorrentes de uma ordem social – que se deve defender, evitando por exemplo que se multipliquem os divórcios devido a uma aparente indulgência da Igreja (FC 84: cf. sopra 8.2.) – do que por verdadeira atenção ao bem das pessoas, que aceite o princípio recordado, segundo o qual também a indissolubilidade é para o homem, e não o homem para a indissolubilidade (cf. Mc 2,27), e que a pessoa humana é o valor supremo.

2. *A reconciliação pelo sacramento da penitência*

Para descer ainda mais ao concreto, a proposta que se apresenta hoje à Igreja católica é a de continuar anunciando o grande dom da monogamia e do matrimônio indissolúvel, educar os jovens para um compromisso sério, acompanhar com pastoral atenta os casais e as famílias, mas também de ser intérprete da misericórdia do Senhor para com os que não puderam honrar seu pacto conjugal, e assumiram uma segunda união, procurando dar-lhes apoio, para que pelo menos essa segunda união possa ter êxito, mais uma vez para o bem de todas as pessoas envolvidas na situação.

Em conformidade com as orientações do Concílio de Niceia, a Igreja católica poderia, pois, reintroduzir hoje alguma forma de penitência pública, administrada pelo bispo ou por um delegado seu. O divórcio e um novo casamento são um fato público e, portanto, justifica-se uma penitência pública, que também permitiria que toda a comunidade tivesse conhecimento da absolvição e da readmissão à comunhão eucarística de quem, tendo contraído um casamento na Igreja, não conseguiu honrar a palavra dada.

A reconciliação deverá ser condicionada ao empenho de cumprir todos os deveres decorrentes da primeira união, também no que tange às necessidades do primeiro cônjuge e dos filhos. A eventual penitência, ligada ao sacramento da reconciliação, deveria ainda ser proporcionada ao grau de responsabilidade de quem falhou contra seu pacto conjugal, grau de responsabilidade que em geral varia muito de caso a caso. O procedimento da Igreja antiga, que concedia ao marido de uma esposa infiel a possibilidade de novas núpcias sem passar pela penitência, talvez possa dizer alguma coisa à Igreja de hoje que, conforme à praxe oriental, poderia conceder um segundo casamento ao cônjuge inocente e abandonado, homem ou mulher, sem obrigá-lo a passar por essa nova forma de penitência pública.

Talvez a reconciliação pudesse ser condicionada também a um gesto solene de perdão, possivelmente feito pelos cônjuges que se perdoam, ou feito pelo que pede absolvição, e que assim mostra perdoar o mal que possa ter sofrido, mas principalmente pede perdão ao outro: gesto de misericórdia e de reconciliação muito de acordo com a proposta evangélica.

Se para se conceder a absolvição se deve considerar atentamente como as pessoas envolvidas cumpriram e cumprem seus deveres de justiça e de caridade com relação ao cônjuge anterior e aos filhos, deve-se reafirmar que agora seu dever moral é concretamente fazer dar certo a nova união, e, portanto, nela viver plenamente sua vida cristã, cumprindo os deveres de fidelidade ao novo cônjuge, empenhando-se na educação cristã de todos os filhos. O pleno êxito da nova união exige naturalmente que se veja de modo positivo também o recurso àqueles meios que muito contribuem para a consecução desse fim, como a prática da vida conjugal.

A reconciliação com Deus e com a Igreja, feita mediante o sacramento da penitência, reintroduz plenamente a pessoa na comunidade eclesial e eucarística, e deveria afastar também aquelas últimas discriminações que talvez ainda continuem na comunidade cristã atual em relação aos divorciados recasados, dando-lhes a possibilidade de participar plenamente da vida litúrgica também no desempenho de funções, sendo padrinhos e madrinhas no batismo e na crisma, e admitidos como catequistas ou professores de religião.

3. E se a segunda união fosse a que de fato Deus uniu?

Em épocas passadas, a entrada no casamento dava-se através de diversas etapas, e o noivado (*sponsalia de futuro*) tinha um papel importante na preparação para um casamento feliz. Essa praxe de um ingresso gradual no matrimônio, que permite interromper a tempo um relacionamento não plenamente satisfatório, ainda é seguida hoje em várias regiões do mundo.

No modelo que se impusera na Europa nos últimos séculos (e que parece não ser seguido exatamente por aquele que, fora das orientações da Igreja, passam pela etapa de uma coabitação ou de um casamento civil), entra-se no casamento mediante um único ato, que é reconhecido ao mesmo tempo como contrato matrimonial e como sacramento.

Essa volta a um ingresso gradual no matrimônio ajuda a compreender o valor positivo que pode ter também o chegar por etapas à celebração de um matrimônio sacramental, e convida-nos a reconhecer como possível também que, exatamente passando por insucessos, seja possível chegar afinal àquela união que possamos considerar como plenamente de acordo com o projeto de Deus para a união entre homem e mulher.

O respeito devido a toda pessoa deveria levar-nos a não julgar apressadamente os que, enfrentando experiências de insucesso que trouxeram grandes sofrimentos para todos, acabam finalmente por conseguir uma união mais plena e feliz. Em muitos casos, a experiência mostra que a vida do novo casal é incomparavelmente melhor do que a vivida na primeira união. Afirmar que o primeiro casamento continua existindo porque continua existindo o sacramento, e que o segundo não tem nenhum valor diante de Deus vai contra experiência dessas pessoas e das que lhes são próximas. O sinal sacramental, que simboliza o amor entre Deus e seu povo em Cristo e na Igreja, está certamente no amor recíproco dos esposos. Uma vez destruído esse amor, isto é, cessada a vontade dos esposos de continuar considerando-se como marido e mulher, por culpa ou sem culpa, seria blasfemo pensar que um sinal já agora inexistente possa ainda se referir ao amor de Deus pela humanidade. Ninguém sobre a terra tem autoridade para destruir o sinal sacramental que subsiste no amor dos esposos e na sua vontade de ser marido e mulher. Ninguém tem o poder de fazer sobreviver um sinal que deixou de existir ao cessar a vontade de ambos os esposos de continuar sendo marido e mulher. O pecado cometido por um ou por ambos os esposos, que levou à destruição do sinal sacramental, é um pecado gravíssimo, mas na comunidade cristã ninguém, que quer recomeçar humildemente um novo caminho, deve considerar-se rejeitado para sempre: é um dado de fé que a Igreja recebeu de fato de Deus o poder de perdoar qualquer pecado.

Por isso podemos, em muitos casos, reconhecer que é exatamente a segunda união, que se mostra viva e vital, que deve considerar-se como "o que Deus de fato uniu", e que provavelmente é essa segunda união que pode ser considerada como o sinal do amor fiel de Deus para com um povo pecador.

Quem, assumindo um encargo de consciência, obedecendo ao magistério de Niceia, tendo refletido longamente junto com os interessados sobre a solução oferecida pela Igreja antiga, deu a absolvição desse pecado, ajudando a compreender que o pecado foi cometido no passado, e que para o futuro podem estar serenos e confiantes na misericórdia do Senhor que compreendeu e perdoou, pôde receber por anos a gratidão de muitos casais, que se sentiram livres de um peso que oprimia sua consciência. No seu *sensus fidei* eles perceberam que essa absolvição era segundo o coração de Deus, e que a nova união que assumiram era verdadeiramente o matrimônio único e fiel que lhes fora dado, e ao qual foram chamados pelo amor do Pai dos céus.

Conclusão

O problema pastoral da coabitação e dos casamentos civis

O tema examinado nas páginas precedentes era talvez o principal problema que a Igreja devia enfrentar no campo matrimonial há uns quarenta anos. Hoje ele é apenas uno dos tantos problemas que, na nova situação da sociedade atual, se apresentam à sociedade civil e à Igreja no campo da sexualidade, do matrimônio e da família.

Sabemos, com efeito, que principalmente no mundo da juventude, já se difundiu uma tal liberdade de comportamento que o que dissemos parece quase anacrónico. Talvez nem tudo seja negativo nessa transformação antropológica, que vemos no tocante a liberdade dos comportamentos sexuais. É possível que, diante do problema gravíssimo de fazer conviver pacificamente sobre a terra quase sete bilhões de pessoas, as estupendas energias contidas na sexualidade humana possam contribuir para criar um mundo de maior compaixão e de ternura recíproca, e possam, em outras palavras, contribuir para o que podemos, em termos teihardianos, definir como amorização do mundo. Também quanto a isso a comunidade cristã não pode renunciar a ensinar uma conduta que seja sempre capaz de aceitar o valor do amor autêntico, e a ser respeitosa diante de todas as pessoas, na procura de uma comunicação e de uma comunhão interpessoal sempre mais profunda, por outro lado tendo sempre como objetivo último chegar a realizar uma união indissolúvel e fiel.

Porque, afinal, não deveria cansar-se de pregar e anunciar também às gerações jovens o ideal cristão do matrimônio monogâmico como fonte de plena realização do humano na comunhão interpessoal, a mais rica e a mais completa sobre a terra, capaz de ser sinal e sacramento do amor recíproco que une Deus a seu povo, ou melhor, a toda a nossa humanidade.

Há, contudo, muitos outros problemas. A comunidade cristã tem, por exemplo, proclamado o direito também de pessoas com limitações várias terem acesso ao exercício da sexualidade; mas, talvez não tenha dado sugestões de como exercitar concretamente esse direito, quando não parecem capazes de contrair casamento válido conforme as normas do direito canônico.

Nesta altura podemos ainda lembrar que a difusão da coabitação de fato e dos casamentos civis constitui outro grave problema para a sociedade e para a Igreja. O recurso à coabitação de fato pode às vezes revelar a falta de um compromisso sério para a vida e a rejeição de uma visão cristã do matrimônio, principalmente no que tange à fidelidade e à indissolubilidade, mas poderia também indicar como são tomadas a sério as exigências do matrimônio cristão, para as quais ainda não se sentem preparados. Também nos casos em que essa escolha possa significar um afastamento da comunidade eclesial, não podemos esquecer que esses comportamentos não deixam de ter valor diante de Deus e da comunidade. Durante quase todo o primeiro milênio a Igreja não conhecia nem oferecia uma celebração específica do matrimônio, reconhecendo o valor de um compromisso assumido segundo os costumes familiares e sociais das diversas regiões; por outro lado, como já dissemos, é bem o rigor da Igreja, no caso de insucesso de um casamento, que pode ter dissuadido muitos de aceitar – ao iniciar uma união que temem seja frágil – consagrá-la logo com uma celebração eclesial.

Quanto a um casamento civil, é oportuno recordar que nem sempre essa escolha é totalmente livre para ambos, pois pode ser proposta por um dos dois, e que há países em que o costume impõe o matrimônio por etapas, e, portanto, mesmo os cristãos mais comprometidos muitas vezes não estão em condição de seguir o direito canônico. A comunidade cristã, portanto, deve respeitar ainda mais o valor que, no plano humano, pode ter uma tal união, especialmente quando ambos os interessados julgam estar assumindo um compromisso para toda a vida. Muitos motivos de ordem pastoral (entre os quais o de possibilitar uma casamento válido diante da comunidade eclesial para aqueles batizados que não têm fé, e que portanto não poderiam celebrar um casamento na igreja) e de ordem ecumênica (o problema da validade de tantos casamentos interconfessionais celebrados sem levar em conta as disposições canônicas vigentes), bem como um senso de respeito à comunidade civil parecem aconselhar que se reconheça o casamento civil como válido e sacramental também para os batizados na comunidade católica (como se faz com o casamento civil dos que foram batizados em outras Igrejas cristãs, que a Igreja católica considera válidos e sacramentais, isso devido ao sacramento do batismo), uma vez que estejam presentes os outros requisitos para a validade, e também conservando o princípio que a celebração eclesial é exigida para sua plena liceidade, como coroamento final do empenho matrimonial.

Esse reconhecimento foi cancelado na última revisão do novo código de direito canônico (cân. 1108), apesar do pedido explícito contido no citado documento do diálogo católico-luterano-reformado de 1976 (105, in EO 1, 1868). O que ainda não foi oficialmente aceito pode, em todo caso, entrar a fazer parte da praxe da comunidade cristã, que de fato hoje, a partir do direito natural e do respeito devido à autoridade civil, já reconhece certo valor a essas uniões; tanto que atualmente, pelo menos em linha de princípio, não se permite que possa casar-se no religioso quem já está casado civilmente com outra pessoa (CEI 1979, 40).

Pode-se finalmente perguntar se, em certos casos extremos, quando segundo o direito não se poderia permitir a celebração de um casamento canonicamente válido devido à existência de um impedimento meramente de direito eclesiástico, não deva prevalecer o direito natural ao casamento. Direito que cabe a cada pessoa, e que nenhuma autoridade humana pode limitar ou anular, como já recordado por Paulo VI, e que, portanto, prevalece sobre normas do direito positivo, tornando assim plenamente válido e sacramental um casamento civil, permitindo aos que se encontram em tal situação participar legitimamente da vida da comunidade eclesial, também com a participação na Eucaristia.

Finalmente, nas diversas Igrejas cristãs debate-se fortemente o problema dos homossexuais, ao qual muitas vezes se dão respostas divergentes, que às vezes poderiam dividir as Igrejas, como aconteceu com a Comunhão anglicana. Em todo caso, hoje todos podem convir que, também nesses casos, um amor fiel é sem dúvida melhor que uma vida desordenada.

Ao avaliar essa, como as outras hipóteses que apresentamos, todas supondo a passagem do regime canônico atual (que leva em conta apenas os casamentos celebrados na igreja) para uma praxe penitencial que poderia considerar todo tipo de união, será preciso ter em mente principalmente alguns princípios fundamentais para a interpretação e a aplicação do direito canônico, como o princípio segundo o qual *"lex ecclesiae non obligat cum gravi incommodo"*, e *"salus animarum suprema lex"*, como não por acaso lembra expressamente o último cânon do novo código (cân. 1752), princípios que têm uma aplicação privilegiada exatamente nesses casos mais delicados.

Essas sugestões deveriam ajudar aqueles, que se encontram diante de tantos novos problemas, a transmitir serenidade e paz a todos que, devido à situação em que se encontram diante da lei da Igreja, muitas vezes sofrem tormentosas situações de consciência, que podem terminar em afastamento e rejeição da Igreja e até da própria fé.

Na verdade, é toda a comunidade cristã que é chamada a assumir o espírito de acolhimento e misericórdia do Senhor Jesus que, se às vezes foi severo com os prepotentes e arrogantes de todo tipo, quis acolher em sua comunidade toda pessoa que, com simplicidade e humildade, confia no amor do Senhor e se esforça com sua graça por viver na comunhão com Deus e com os irmãos, caminhando junto em direção à única coisa realmente importante, o Reino de Deus.

Bibliografia

Tudo que se apresenta neste livro retoma em síntese o que está detalhadamente em G. CERETI, *Matrimonio e Indissolubilità: nuove prospective*, Dehoniane, Bologna 1977, segunda edição com novo posfácio, 1998. Remete-se a esse volume para a informação bibliográfica mais detalhada. As conclusões do segundo trabalho foram compartilhadas por CH. MUNIER, *Divorce, remariage et pénitence dans l'Eglise primitive*, in *Revue des Sciences Religieuses* 52 (1978), 97-117; por E. FERASIN, *Matrimonio e indissolubilità. A proposito di uno studio di Giovanni Cereti*, in *Rivista Liturgica* 70 (1983), 257-277; e por R. MACINA, *Pour éclairer le terme: digamoi*, in *Revue des Sciences Religieuses* 61 (1987) 54-73. Foram também reapresentadas em G. CERETI, *The Reconciliation of Remarried Divorcees According to Canon 8 of the Council of Nicaea*, in *Studies in Canon Law presented to P.J.M. Huizing, J.H. Provost – K. Walf* (edd.), University Press, Leuven 1991, 193-207, e foram sintetizadas no XXXVII Encontro de Estudiosos da Antiguidade Cristã, promovido pelo Istituto Patristico Augustinianum sobre o tema *"Il matrimonio dei cristiani: esegesi biblica e diritto romano"*, e publicadas nas atas do mesmo encontro (Studia Ephemeridis Augustinianum, 114), nas páginas 255-272, texto amplamente retomado no capítulo 5 deste trabalho. Foram ainda retomadas inteiramente (mesmo sem citar a fonte) por TH. MOCKIN, *Marriage in the Catholic Church. Divorce and Remarriage*, Paulist Press, New York - Ramsey, 1984, 176-182.

O cânon 8 de Niceia foi tomado da coleção *Conciliorum Oecumenicorum Decreta*, a cura di G. ALBERIGO e altri, Dehoniane, Bologna 1991, pp. 9-10. Sobre a importância do Concílio de

Niceia, cf. Y. M. CONGAR, *La primauté des quatre premiers Conciles Oecuméniques. Origine, destin, sens et portée d'un thème traditionnel*, in *Le Concile et les Conciles*, Gembloux 1960, 75-110. No decorrer do trabalho foram citados também: M. HUMBERT, *Le rémariage à Rome. Etude d'histoire juridique et sociale*, Milano 1972; J. GAUDEMET, *L'Eglise dans l'Empire romain. IV et V siècles*, in *Histoire du droit et des Institutions de l'Eglise en Occident*, Paris 1958; J. Gaudemet, *Le mariage en Occident*, Cerf, Paris 1988.
Finalmente, há referência à exortação apostólica *Familiaris Consortio* (=FC) de 22/11/1981, in Enchiridion Vaticanum (=EV) 7, 1522-1810. Cf. Também a Nota Pastoral da Comissão episcopal para a família, da Conferência Episcopal Italiana: *La pastorale dei divorziati risposati e di quanti vivono in situazioni matrimoniali irregolari o difficili*, de 26/4/1979, in Enchiridion CEI 2, 3406-3467. Os documentos dos diálogos ecumênicos acham-se em vários volumes do Enchiridion Oecumenicum (=EO), Dehoniane, Bologna 1984 ss.

Siglas

CCL – Corpus Christianorum Latinorum, Turnhout, Paris 1953 ss.
CSEL – Corpus Scriptorum Ecclesiasticorum Latinorum, Wien 1866 ss.
CUF – Edições das Presses Universitaires de France.
PG – Patrologia series Graeca, J. P. Migne, Paris 1857 ss.
PL – Patrologia series Latina, ed. J. P. Migne, Paris 1844 ss.
SChr – Sources Chrétiennes, Paris 1941 ss.

ÍNDICE

Prefácio 7

Primeira parte
O ideal da monogamia e a possibilidade de insucesso 15

A monogamia absoluta como ideal revelado na Escritura 17

1. Um homem e uma mulher para sempre,
   no projeto de Deus 18
2. Sinal da aliança entre Deus e seu povo 21
3. A monogamia na história do povo de Israel 23
4. O ensinamento de Jesus 26
5. Fogo que continua a arder sem se consumir 27

Os fracassos humanos na procura do ideal da monogamia 29

1. Regulamentação dos repúdios no Antigo Testamento 29
2. A novidade do ensino de Jesus 32
3. A praxe da Igreja nos primeiros séculos 34
4. Matrimônio e divórcio no direito romano e
   no direito do império romano-cristão 36
5. Os desenvolvimentos medievais 40

A disciplina atual da Igreja católica
quando um matrimônio é malsucedido 43

1. Separação e divórcio 44
2. O recurso aos tribunais eclesiásticos 46
3. Uma solução que desperta muitas questões 48

Segunda parte
**O primeiro milênio. Monogamia e readmissão
à Eucaristia de quem vive num segundo matrimônio** 51

**A volta ao primeiro milênio,
ponto referencial comum para todas as Igrejas cristãs** 53
1. A necessidade de uma reforma também na Igreja católica 53
2. Uma reforma de acordo com a Escritura e
   com a praxe do primeiro milênio 54
3. A importância do cânon 8 de Niceia 56

O cânon 8 do primeiro Concílio de Niceia 59
1. Quem são os dígamos de que fala o cânon 8 de Niceia?
   Viúvos recasados, divorciados recasados, ou uns e outros? 61
2. Interpretação filológica:
   dígamos são aqueles que vivem em segundas núpcias 62
3. Interpretação histórica: "os dígamos" 64
4. O Concílio de Niceia:
   possibilidade de absolvição para os apóstatas e dígamos 66
5. Os divorciados recasados. Novo casamento e Eucaristia 69

O perene valor doutrinal do cânon 8 de Niceia 73
1. A Igreja recebeu de Cristo
   o poder de absolver todos os pecados 73
2. Fundamento teológico para uma nova praxe penitencial 75

Terceira parte
**Possibilidade de um recomeço:
uma solução evangélica, pastoral, ecumênica** 77

Um caminho penitencial e sua importância pastoral 79

1. O sofrimento que acompanha
   o insucesso de um casamento 79
2. Uma acolhida aberta e cordial 81
3. O recurso aos tribunais eclesiásticos 82
4. Passagem para um sistema penitencial.
   Solução pastoralmente mais válida 83

**A escolha de um caminho penitencial
e seu valor ecumênico** 87
1. A prática das Igrejas ortodoxas 87
2. A Comunhão anglicana 90
3. As outras Igrejas e comunidades eclesiais do ocidente 91

**Quando um segundo casamento
pode ser o que Deus de fato uniu** 93
1. Duas eclesiologias em confronto 93
2. A reconciliação pelo sacramento da penitência 94
3. E se a segunda união fosse a que de fato Deus uniu? 96

**Conclusão
O problema pastoral da coabitação
e dos casamentos civis** 99

Bibliografia 103

Siglas 105

A marca FSC® é a garantia de que a madeira utilizada na fabricação do papel deste livro provém de florestas que foram gerenciadas de maneira ambientalmente correta, socialmente justa e economicamente viável.

Este livro foi composto com a família tipográfica Minion Pro
e impresso em papel Offset 75g/m² pela **Gráfica Santuário.**